獨立、專注、韌性、不可小覷的

內向的力量

踐版

心理諮商專家&培訓師
譚雲飛——著

目錄

PART 1【認識篇】內向，解讀世界的另一種方式

第一章 世界被外向的人占領了嗎？

第二章 理解內向，聽聽心理學家怎麼說

PART 2【進階篇】

內向，在狹縫中爆發力量

第三章 內向還是外向，你真的認識自己嗎？

第四章 讀懂內向者的心

第五章 認識並培養內向者的超能力

PART 3【突破篇】

內向，開啟更廣闊的未來

第六章 從心出發，點燃內動力

推薦序

內向是一種人格特質

褚士瑩（作家）

我從小就是一個內向、害羞的孩子。

小時候，我不敢面對快速朝我飛來的棒球，於是我被教導，對於害怕的事情要「勇敢」。我也時常被大人斥責，告訴我說話的時候要大大方方，不要「像蚊子叫」。幼稚園畢業園遊會的時候，我被迫跟其他小朋友穿上白色的三角內褲，戴著又大又長的粉紅色耳朵，光溜溜地在所有大人面前跳兔子舞，我難堪地哭了，大人只叫我「別擔心」，就把我推上場，我到現在還留著那張穿著白色內褲兔子裝，哭喪著臉站在其他小朋友後面驚慌失措的照片，大人卻在一旁殘忍地笑著。

我長大了以後，雖然沒有因為這樣變成勇敢的大人，但是到法國學習哲學思考，讓我學會思辯，於是我變得「無懼」。我喜歡無懼，但仍然不喜歡一般人說的勇敢，因為在我眼中，那種允許自己穿著可笑的兔子裝上臺扮可愛的勇敢，**其實是接受了別人對自**

己的暴力，也是自己對自己的暴力。

我長大了以後，常常上臺演講、進行課程跟工作坊，甚至擔任各種主持工作，但是我的聲音並沒有變得聲如洪鐘，因為我覺得別人在沒有必要大聲說話的時候大聲說話，或是空泛的話說得又多又篤定，並沒有讓我覺得帥氣或是羨慕，只會覺得我的耳朵被施暴了，因為聽到了我並不想要聽到的聲音。**我想確定我說話時，只說我該說的話，讓該聽的人聽到。**

十歲的時候，我下了一個任性的決定，那就是再也不穿父母為我選擇的衣服。因為我穿著別人幫我選擇的衣服時，我其實是別人，不是自己，這件事讓我感受到莫大的痛苦，所以我鼓起勇氣向父母做了這樣的聲明，雖然他們無法理解，甚至因此對我發脾氣，但是我的堅持讓我從此再也沒有為穿著困擾過。

一個內向、害羞的孩子長大了，只是變成了一個內向、害羞的大人。

但是我覺得這樣也挺好的。

很多人都聽過「亞斯伯格症」（Asperger syndrome），但是不一定知道早在二〇一二年，美國精神醫學會（American Psychiatric Association）就已經取消了亞斯伯格症這個病名，二〇一三年更新的《精神疾病診斷與統計手冊》第五版（DSM-5），也將亞斯伯格症的診斷從手冊內移除。

既然不是病，亞斯伯格症也就不再需要治療，因為對大多數成人來說，亞斯伯格症通常已經在社會化的過程中，受到一定程度的控制。亞斯伯格症如果不是病，那是什麼呢？有些醫師說，那就是一種「人格特質」罷了。

就像亞斯伯格症，內向也不是一種病，甚至不需要被視為是一種問題，而是一種人格特質，唯一要做的，就是**內向的人要如何看待「內向」這個特質**，並且要**跟內向用什麼樣的共生關係，一起生活**。

珍惜自己的內向，如同珍惜自己其他的一切人格特質，因為那就是真正的自己。沒有人能夠成為別人，也沒有人應該成為別人。

作者序

被低估的內向者優勢

眾所周知，現今的社會是一個充滿競爭和強調團隊合作的外向型社會。人們從出生到死去，幾乎每一個階段都會處於各種心理壓力下，長時間「經歷著歧視和被歧視的階段」❶。在社會上，人對人、人對某一群體，甚至群體對群體的歧視，這種涵蓋不同範圍的非理性關注，往往會造成許多意想不到的悲劇。外向性格的社會，對內向性格的歧視似乎是習以為常的，甚至是無處不在的。

很多家長從孩子小時候起，就讓他們參加一些必要的社交活動，希望小朋友培養外向的性格。也就是說，在大人的觀念中，性格內向不利於孩子往後的成長，會將孩子帶入弱勢的境地。照一般邏輯看，內向者的成長很艱難，未來要獲得人生的成功更是困難重重。

外向的人熱衷社交，他們熱情、愛說話、充滿自信、喜歡交友。這類人在各類社交活動中頗有長處，適合表演、教學、指揮、管理等領域。外向的人大都願意與他人共處，在其他人面前他們會顯得精力充沛，崇尚冒險且經常表現出領導才能。相反，他們不愛自己一個人做事，會覺得沉悶、平淡。

正是由於今天的社會推崇外向性格，方便人們互相了解、互相共事等，使性格內向的人時常被認為是「怪人」。但是，世界上有多少人性格屬於內向呢？許多研究者得出不同的結論，有二五％之說，還有五〇％之說，最多的甚至接近五七％。在那些令人羨慕的各行各業成功人士中，則有近七〇％的人屬於不同程度的內向性格。有天賦的人當中，內向的人反而居多，這是比較客觀的現實，儘管並非所有內向者都有天賦。

一般人對於性格內向往往存在誤解，認為性格內向的人就是害羞，不喜歡與陌生人相處。從行為學角度來看，內向與外向的區別是他們行為動力的來源。內向的人喜歡一個人做事，沒人打擾就特別有精神；而與別人在一起，環境嘈雜，就會覺得疲憊。相反地，外向的人在人多的地方就非常活躍，充滿動力；當外向者一個人獨處，他們就感到無聊。

❶見《內向心理學》，瑪蒂．蘭妮著，漫遊者文化出版，二〇一八年出版。

其實推倒思想的壁壘，就能看到硬幣的另一面：內向性格表面上的缺點，可以轉換成為相應的優點。

性格內向的人喜歡安靜和低調，是因為他們可以透過思考恢復精力，找到做事最有效的辦法，比如一個人靜靜閱讀、寫作、繪畫等。因此，許多藝術家、作家、雕刻家、作曲家和發明家都是非常內向的。❷

大部分內向者不善於社交，但並非不能夠與別人交往，只是更容易在一個人或很少人參加的活動中感到快樂，或者只喜歡與志同道合的人交流。內向的人並不是完全不食人間煙火，不和別人交往，他們通常願意與親密的朋友、有共同興趣愛好的人交往。所以，內向的人遍佈在一些專業領域裡，他們往往熱衷探索，樂於發現新事物和新經驗，取得令人矚目的成就。像愛因斯坦、比爾·蓋茲、華倫·巴菲特、希區考克、村上春樹……另外一些出入各種場合，被閃光燈和粉絲包圍的影視明星，很多也是內向者，如茱莉亞·羅勃茲、梅莉·史翠普、克林·伊斯威特、湯姆·漢克斯、哈里遜·福特……因此，認為性格內向就無法與大眾交流，是不準確的。

很多人認為性格內向的人通常不喜歡說話，為人冷淡，其實他們只是言語謹慎，說話需要經過仔細思考。他們在參加活動時一般都不愛出風頭，不希望成為人們關注的焦

點，往往更願意做聆聽者。即使關心身邊的朋友加入閒聊，說話也很小心謹慎。❸

總的來說，性格內向的人在這個社會其實有不少優勢：與較少的人合作時工作融洽、做事獨立、思維靈活、富有自省精神、有責任感、有創造力、有分析能力。而當前很多社會領域，過於依賴外向性格的人，其實是因為不了解內向者的優勢。因此，就會對性格內向的人產生錯誤的判斷：不友善、書呆子、缺乏社交能力、不會與他人溝通、不喜歡親近別人、沉默寡言、獨行俠、隱居……

如果你是一個內向的人，絕不應該認為自己的性格存在很多缺點。你完全不必感到自卑，不需要對羞怯、膽小、敏感、不敢外出等心理感到煩惱，忽視自己同樣存在的冷靜、謹慎、專注、善於傾聽、有洞察力等潛力。

換句話說，生活中那些性格外向的人，固然有強大的進取心，他們能言善辯，是社交領域和職場中最耀眼的寵兒，但他們也會面臨思維不集中、計畫容易出現紕漏等職場大忌。

❷同註❶。

❸同註❶。

為什麼大多數內向的人都容易受到猜疑和誤解?許多外向的人會帶著奇怪的眼光審視內向者的各種表現,甚至內向的人自己也都經常無法理解自己。他們習慣在一個時間只專注於一個活動,並且通常三思而後行。

在現實生活裡,外向的人能得到大多數人的欣賞和重視。而現在,應該讓性格內向的人充分認識到自己的所長。我們最應該正視的一個誤解是,盲目地讓那些內向的人去適應外向型的社會文化並強行改變自己。我們需要澄清事實,讓每一個人客觀地欣賞自己固有的個性,儘管我們既有優點,也有缺點。本書的目標就是要讓大家冷靜地審視自己,盡力發揮優點,盡力修正缺點,毋須矯枉過正、刻意從眾。

本書將透過三個面向,讓讀者學習到:一、如何客觀判斷自己是否是性格內向的人;二、該藉由哪些方式來深刻理解、適當提升內向性格的潛在優勢;三、具體該如何運用內向的性格優勢,來應對現實生活中可能出現的問題。

透過對內向者的各種優勢和劣勢的綜合對比,對內向性格的表現進行深入探討,為性格內向的人指明,如何利用他們的個性來創造並享受美好的生活。書中內容涉及學習、工作、社交等等。書中有應對的策略、管理的方式以及很有價值的建議,不僅有助於內向者在外向世界裡生存,也有助於內向者獲得真正的成功。

PART 1【認識篇】

內向，解讀世界的另一種方式

第一章

世界被外向的人占領了嗎？

1.1 心理學如何區分內向與外向

現代的商業經濟型社會，要求我們必須具備相應的溝通與社交能力。在日常生活中，我們也被這樣的觀念影響，覺得外向的人要比內向的人更容易適應環境，性格外向顯得交遊廣闊，在社會上各方面都比較吃香，這樣的人似乎是現代社會理想的通用型人才。

❖ 榮格提出的概念

二十世紀的二〇年代，心理學家榮格提出「內－外向人格類型」學說，大致詮釋了「內向」和「外向」的概念。他認為，有些人會把生命力指向外在世界，致力於認識和改造外在世界；另一些人則會把生命力指向內心世界，致力於了解和改變內心。❶客觀來說，內向原本應該是個中性詞，不知什麼時候卻成了代表敏感、保守、脆弱、悲觀、孤獨、冷漠、沉默寡言的貶義詞。假如童年時，我們收到一句來自長輩或朋友「你太內向了」的評價，就會情不自禁覺得有受到憐憫、同情，甚至譴責的意味，或者還會有祕密被拆穿的羞恥感。

榮格在他的書裡概括，性格內向往往是指會被內心世界的想法和感受所吸引，而性格外向則傾向於關注人們外在的生活及活動。內向者的注意力往往集中在他們身邊事物的「意義」上，而外向者則會投身到「事件」當中。內向的人會在獨處時為自己充電，外

❶ 榮格在一九二一年寫了《心理類型學》（*Psychological Types*），內容詳細描寫了他在心理治療中對病人長期的觀察所總結的不同人格類型，而提出了內向與外向的性格概念。

向的人則習慣透過外在的活動來為自己充電。

《心理學辭典》對「內向」的解釋是：「一種主要的人格特質，特徵是專注於自我，缺乏社交能力，以及較為消極被動。」對「外向」的解釋則是：「性格外向的特點是對外在世界感興趣，具有高度的自信，社交能力強，敢說敢做，追求感覺，崇尚權威。」❷

當然，人的社會性格分類有很多種，但人們習慣以外向或者內向為主要判斷標準。善於表露自己的感情，為人活潑、熱情、開朗，比較容易與別人打交道的屬於外向；而為人比較靦腆，對自己不擅長的事就會選擇不去做，不太愛去挑戰的，屬於內向。性格內向的人迫於生活壓力會渴望改變，他們迫切想要透過心理諮詢或閱讀等方式，讓自己變得外向，彷彿性格內向是他們的錯誤，是一切生活問題的根源。面對生活和社交的種種問題，改變內向的性格，成為許多人改善自我和個人成長的重要目標。

❖安靜，就是力量

在多數人眼中，外向的人善於社交，普遍情商較高，經常是大小圈子的焦點和中心。性格樂觀積極的外向人，人生好像沒有太多困難和煩惱，是許多人羨慕和喜愛的對象，以至於很多性格內向的人，其實都渴望把自己改造成活潑外向的人。

就像暢銷書作家蘇珊．坎恩分析的那樣，在外向性格主導的社會中，外向意味著善於交際、自信和有活力，而內向變成了一種「次等人格」。內向者在這種社會環境下，就類似於女性生活在以男性為主導的社會體系中，自身的價值大打折扣，內向者甚至常常被誤認為能力不足。❸然而，世界上有三分之一到二分之一的人都是內向型性格，如果內向者真的不適合社會發展，為什麼沒有在漫長的人類進化過程中被淘汰？

❖內向者往往被迫改變自己，發展外向性格

人的性格養成主要歸結於社會環境，儘管各式各樣的性格自古皆有，但二十世紀以商業經濟發展為主，形成了全球化競爭與合作的趨勢，因而促使人們對外向與內向這兩種不同性格做出各種利弊分析與解釋。

❷見《心理學辭典》，亞瑟．S．雷伯編著，英國瓦伊金出版社一九八五年出版。
❸見《安靜，就是力量》，蘇珊．坎恩著，遠流出版。

中國古代長期處於農耕社會，就像《桃花源記》所描繪的田園生活，人們的日常活動僅僅局限於自己的村落，或者周圍數十里的區域。日出而作，日落而息。人們對每天一起工作和交際往來的夥伴，幾乎都知根知底，自幼熟悉。甚至很多地方的人，一輩子都沒有離開過自己的故鄉。在這種習俗下，人們看重的是自己是否有責任心、懂禮儀、具備謙遜的特質，並不在乎自己在他人眼中留下什麼樣的印象。

隨著社會的商業化和城市化，把人們拉進了複雜的社會網絡之中。人們每天外出工作都會接觸到形形色色的人，交流談判可能就是為了一樁買賣、一次合作。如何給陌生人留下好印象，是人際交往中的首要問題。為了讓自己更適應環境，讓自己更有發展，我們不得不注重溝通過程中給他人留下的印象。因此，那些熱情、活躍、健談、說服力強、有主導性的外向者，似乎更受到歡迎。

對於競爭激烈的現代商業社會，外向的人似乎是最佳匹配者。在商業社會裡，外向者如魚得水，而隨著商業社會的不斷發展，越來越多的人開始推崇外向性格。

一直到現在，多數社會仍然屬於外向型的社會，我們生活在外向理想型的價值系統之中，在此之中，性格外向的人更容易獲得機會與賞識。社會會希望你是擅長社交、敢於表達自我、勇於推銷自我的人。因為社會畢竟是一個群體，需要我們主動維繫人與人之間的關係。

正因為現代社會的價值系統鼓勵我們變得外向，認為只有性格外向的人才會受人歡迎，無論是學習工作，還是戀愛交友，一個能說會道的人總是比安靜沉默的人更有吸引力，因為他們能給人更好的第一印象。因此若提及某個領域的成功之道，一般都習慣把個人的膽量、魄力等要素放在前面。顯然膽大的人勇於拚搏，善於把握機會，該出手時就出手。在競爭激烈的社會，外向者的膽量和魄力正是他們的一大武器，他們擅長肯定自己、推銷自己，能讓別人很快就感受到自己的優點。❹

出於種種原因，內向者陷入了**被迫發展外向性格**的局面——為了在全新且競爭激烈的社會中脫穎而出。即使是內向者自己，也不願意承認自己就是一個內向的人。

❹見《外向者優勢》第一章「海豚一樣的外向者」，胡鄧著，機械工業出版社，二〇一〇年出版。

1.2 內向是次等的人格？

人的性情通常是天生的，但每個人表現出來的個性卻十分複雜，是個人經歷和社會文化交互影響的結果。有人將性情比喻為地基，那麼個性就是建築。

心理學和神經學的研究指出，外向或內向性格的形成，和遺傳及生理因素有關。外向性格可說是上天賜給外向者的「禮物」，外向的人要格外珍惜這個優勢。因為一般來說，對於同一個事件，內向者受到的衝擊比外向者更大，產生的情緒也更多，例如緊張、恐懼、焦慮等。

「你老是喜歡一個人宅在家，這樣不好，要從自己的世界裡走出來。」

「你平時好像不怎麼說話，為什麼不多和朋友聊聊呢？」

「你這麼內向，以後在職場上怎麼交朋友？太內向的人不容易升職，也當不了主管。」

相信內向的人多多少少都被家人、朋友勸過，希望你學會變通，想辦法變得外向一點。如果性格太過內向，你的前景可能堪憂，還有可能被貼上焦慮、自卑、太沉默、不愛說話等不利於職涯發展的標籤。

❖ 內向容易與病態畫上等號

我們的一生之中，家人、師長、上司不知不覺都在傳遞一種觀念：好的性格就是要勇敢、快樂、善於表達。而內向性格的一些特徵，似乎會容易讓人跟病態的心理特徵畫上等號，甚至會讓人們產生嚴重的偏見。

你可以回顧一下自己的人生經歷，很多人時常都會感覺到，身邊大人傳遞的觀念都是「內向不好」。例如小時候家裡有客人來，如果你害羞不打招呼，家長往往就會帶著歉意對客人說：「不好意思，這孩子不喜歡說話。」上學時，如果你性格太內向，同學也會好奇：「你怎麼不和大家一起去玩？」工作後，如果你不善於和大家打成一片，上司或同事會認為你可能不太合群。

社會環境促使了外向性格的人占據著主動和相對的優勢，好像他們是內向者的「天敵」，內向者似乎毫無招架還手之力。外向的人比內向的人更容易獲得成功，他們就是從小到大你父母和親戚口中那個彷彿更受欣賞的「別人家的孩子」。

外向者更容易表現自己，而內向者往往不擅長和別人溝通，一般難以得到關注，尤其是在競爭激烈的職場環境中，容易失去優勢。比如在公司裡，你不敢上臺展示和解釋專案方案，哪怕是自己設計的提案，你也怕自己表達得不順暢，害怕現場的各種提問，為此，你寧願把表現的機會拱手讓人……

性格內向的人面對陌生環境時，往往會產生緊張、焦慮的情緒。但是，難道他們真的無法面對競爭嗎？難道必須要每天早晨起來喊口號，試圖改變性格，才能不被社會淘汰嗎？這世界難道就沒有內向者的一席之地嗎？事實上，任何事都不是絕對的，這世界也需要這些安靜、沉默的人和那些大聲說話、健談的人（也就是外向者）來達成平衡。

1.3 安心做個內向的人

二十一世紀以來，網路的迅速發展，讓現今的社會又產生了新的變化。

今日對於多數年輕人來說，「外向」與「內向」已不再有明顯和絕對的界線。因為，內向的人也許更願意透過網路來表達自己的內心世界，傾訴一些個人的觀點。他們的親友多半會感到驚訝，可能都想像不出性格內向的人會在「虛擬社群」上自由自在地表達真實的自我。比起外向的人，內向的人會投入更多的精力在某些網路社交的聊天討論上，他們很喜歡這種不見面的交流方式。

對於一個性格內向的人來說，他也許永遠不會在幾百人的會議廳裡主動舉手發言，但他卻可能用兩個小時發一篇臉書、ＩＧ或網路文章，而他的網路受眾可能就有幾百人，甚至上萬人。

❖個性是「由內向外」煉成的

生活在世界上，每一個人都擁有自由意志。若從社會學角度來說，人要為自己的行為負責。簡言之，就是有做選擇的能力。因此，每一個人都是透過自由意志的選擇來塑造個性的。

內向者大腦中的杏仁核異常敏感，杏仁核的部分功能就是產生情緒和識別情緒，面對新鮮事物時，高敏感的人往往容易覺察到變化。他們把自己的生活安排得比較平靜，對細微的環境影響很在意，對聽到、看到、聞到的也都非常敏感。

內向的人在別人的目光下做事情時，通常很不自在，在對個人帶有評判性質的場合（如戀愛約會、工作面試等），也會感到非常緊張。這些高敏感族群往往會有哲學或精神性的傾向，而不會向物質主義或享樂主義靠攏。❺

我們的個性在很大程度上是由基因決定，除此之外，還受到大腦和神經系統的影響。也許，我們的性格能夠發展塑造的部分非常有限，然而很多人的性格也會隨著時間推移，發生深刻的變化，不是嗎？我們不能控制我們是誰，可是我們能決定我們要成為什麼樣的人。

❖ 內向性格需要改變嗎？

內向的人真的需要變得外向嗎？這是莎士比亞式的終極思考。

內向者當然有自己的優勢。從生理條件來說，內向者的神經更為敏感，這讓他們對細微的細節有更多的覺察。敏感有時會造成麻煩，但有時候也很有用。比如，內向者對美更為敏感，他們更珍視自己的精神生活，所以很多人成了文學家、藝術家，如王維、杜甫、曹雪芹。

內向的人容易對別人產生同情——這是同理心的方面；內向的人容易為自己的過錯感到自責——這是道德的方面；因為經常焦慮不安，內向的人做事總會提前做準備——這是專業的方面。

總的來說，作為工作夥伴，內向的人可能更值得信賴、可靠。既然內向者有這麼多的優勢，**為什麼不安心做個內向的人呢？**

相信很多內向者都曾經嘗試改變自己內向的性格，尤其在青少年階段。我有一個在

❺見《安靜，就是力量》，蘇珊．坎恩著，遠流出版。

大型超市工作的朋友，平時就表現得非常外向。在年末聚會中，他和我說起，他本來也是一個非常內向的人，經常覺得孤單。上大學後，他決心要做一個外向的人。他刻意和人打招呼，主動和同學說話，參加各種活動，有發言的機會一定會強迫自己發言。他後來說，經過差不多兩年的努力，他變得積極自信了。當時同學以為他是個外向的人，幾乎都不相信他剛來的時候曾經是一個內向的人。

長久以來，我都很佩服這位朋友為改變自己所做出的努力。但有一天他突然告訴我，他有時候也會有一種深深的不安，每天在人來人往的公司和應酬中，他為了業績積極表現，卻好像一直是在刻意在**「扮演」某種角色**，而不是他自己，有時候想起來就會情緒低落。

因為這個朋友的一番傾訴，我有時候也回想自己的經歷，包括接觸到的許多朋友或同事的經歷，漸漸發現這不是個別情況。一開始我以為，這只是行為改變的時間不夠長，人們還沒有習慣。但是這種不安感的持續時間如此之長，可能並非簡單的外在問題，某種程度上可能真的有一個內在的「真實自我」。**強行偏離「真實自我」總會讓我們覺得不適應。**

❖勇敢展現真我的風采

就具體技能與修養訓練而言，無論性格內向的人還是性格外向的人，都有提升、進步的空間。不過在職場談判、公開演講等領域，內向的人容易緊張，因此會被認為不適合。內向的人要在這些領域取得進步，主要是「從內而外」發現自我價值，先在這些領域找到相對的優勢，讓局部優勢引領自己去慢慢調整和改變。

以我自己為例，雖然跟人打交道沒有問題，但我曾經也有內向的一面。主要就是在人多的場合講話發言會很緊張，總擔心自己會失誤，總是顯得不自在，經常結巴、忘詞、臉紅心跳等。從習慣角度來說，如果在某一方面感到焦慮，很容易在其他方面也懷疑自己，這就像一種傳染病。於是其他方面都開始畏首畏尾，生活也因此變得狹隘了。

大學畢業以後，我進入新聞媒體行業，透過採訪寫稿，不斷鍛鍊，性格內向的那一面逐漸改變，自己與他人的交往方式也有了一些調整。後來，有一所大學要找新聞專業領域的兼職講師，我考慮了好幾天，心想這份工作可以提升自己在業內的知名度，就答應下來了。可是從接下任務的那一天起，我一連做了幾天的噩夢，夢見自己在講臺上，對著滿屋子的人，講課時連連出錯，搞得十分狼狽難堪。當然，我嘗試過設想一些應對辦法，比如想像輕鬆的氛圍，多做互動，多看看窗外舒緩緊張情緒……事實上，任何的改變都不容易。

最後，上課前我做足了準備，很早就到了教室。當我站上講臺時，我十分自信。我充分了解授課的內容，可讓我意外的是，當時教室裡只坐著十幾個學生，和我之前每晚想像中的幾百雙眼睛盯著你，落差很大。就這麼十來個聽眾，一學期下來讓我開始學會在眾人面前說話，讓我累積了經驗。雖然每次在人多的場合講話，我仍然會緊張，但再也不會像以前那樣「想太多了」。

當然，這不算是多麼成功的故事，我之所以覺得有道理，是因為這裡頭蘊含了內向性格的轉變，雖然不是不可以，但也要遵循一些基本規律。

改變無法憑空發生，真正有效的改變必須「由內而外」。發現內向性格的長處，逐漸累積，需要以下這兩個支點：

● 累積相關的成功經驗

這會改變你的預期，讓你開始擁有自信。

●在令你感到害怕的領域中培養優勢

例如我自己的優勢在於，總是試圖把書上或學術文章中看到的知識，以及社會上發生的真實案例，和我們的生活連結，思考它們對我們人生的意義，並與大家分享。是總結和分享的欲望，讓我逐漸克服了在公開場合說話的恐懼。

第二章

理解內向，聽聽心理學家怎麼說

2.1 內向其實也分等級

如果一個人在生活中承受著不同的壓力和刺激，多多少少都會有某種程度的社會焦慮，嚴重點的可能會高度神經過敏，更嚴重的會精神分裂。因此，每個人在性格方面的內向與外向，並不是絕對的。有些時候表現得很內向，其實只是一種協調內在精神世界健康的能力。本質上是一種有建設性、有創造性的特質。

艾森克人格問卷對典型的內向性格描述為：安靜、離群、內省，喜歡獨處而不喜歡接觸人；保守，與人保持一定距離（除非是摯友）；傾向於做事有計畫，瞻前顧後，不憑一時衝動；日常生活有規律，嚴謹；遵循倫理道德；做事可靠；很少有攻擊行為，多少有些悲觀；焦慮、緊張、易怒，還有抑鬱；睡眠障礙。具體表現與受教育程度、個人經歷、生活環境等因素有關。[1]

❖內向的表現形式

內向的人看起來喜歡獨處，但其實也具備一定的社交技巧。但是，他們可能只喜歡與某一類人交往，或者只喜歡某些類型的社交活動。聚會上的閒談可能會耗盡他們的精力，而幾乎不會帶來什麼回報。內向的人喜歡一對一的交談，群體活動會使他們覺得壓力太大或精力不夠。

以下試舉幾個與內向有關的心理表現，但這些不同層次的心理表現，並不只發生在內向性格上，卻是一般常見對內向性格的誤解。

❶艾森克人格問卷，由英國心理學家H．J．艾森克編製的一種自陳量表，是從《艾森克人格調查表》的基礎上發展而成的。二十世紀四〇年代末開始制定，一九五二年首次發表，一九七五年正式命名。

●社會焦慮

嚴格來說，造成社會焦慮的外在因素很廣泛。「和純粹個人的焦慮不同——那是在任何社會裡都免不了的，社會性的焦慮特屬於某些社會或時代，它是一種廣泛的心神不安和精神不定，是一種彌漫於社會不同階層的焦慮，它不會輕易消退，不容易透過心理的調適而化解。人們焦慮的對象或有不同，但在其性質和內容上又存在著一些共性。比方說，貧困者可能會憂慮自己的生存缺乏保障，而富有者則可能憂慮自己的財產缺乏保障。兩者雖然不可等量齊觀，但憂慮卻是都存在的。」❷

在這種情形下，一個人處於人群之中的自我意識體驗，可能受到強烈的社會情緒影響，表現出恐懼反應，通常是從學校和工作中，也包括在家庭環境中感受到的。即使是一對一的交談中，也會產生緊張或某種不舒服。其實這不是精神方面的問題，而是對其他人的看法或回饋，讓自己產生不安，以及擔心別人會對自己產生怎樣的影響。也就是說，焦慮的產生不完全是因為內向的性格，也可能是因為擔憂其他人會如何看待自己。

●神經過敏

性格方面的神經過敏其實普遍是指心理過敏，而非病理上的症狀。有些內向的人心思靈敏、觀察細緻，直覺也很強，比大多數人都有辨別力。他們可能很排斥正常的社交活動，對一切人際接觸都覺得不舒服。一個眼神、一句話語都可以觸動他們脆弱的神經。但是，這種反應並不局限於內向性格，有些外向的人也同樣會神經過敏。

● 精神分裂

嚴格來說，這是典型的精神疾病，往往是由一系列臨床症狀表現出來的綜合性特徵。而且不同的人由於背景和遭遇不同，表現出來的情況也會不同，是一種非常複雜的精神疾病。有這種傾向的人，需要與別人建立一定的關係，但又恐懼與外部密切接觸。在大多數情況下，他們採取遠離塵囂的避世態度，以逃離與他人接觸帶來的任何傷害。

除此之外，人們對內向性格往往還有以下誤解：以為性格不外向的人，就一定是內向，陷入非此即彼的誤判。事實上，人的精神和心理特徵錯綜複雜，並不是那麼簡單。從心理學的定義來看，內向性格指的是**習慣透過獨處恢復能量的人**，而外向性格的人，

❷見《中國的憂傷》，何懷宏著，法律出版社，二〇一一年出版。

習慣**透過人際交往補充能量**。

換句話說，即使是內向的人，他們表現出來的特質也並不是都一樣，也有很多種類型。在心理學中，一般將內向性格分成四種主要類型。

❖內向性格的四種類型

●社交型的內向

這種人並不排斥社交，也擅長跟人打交道，只不過熱衷於小群體，傾向與兩三個或三五個熟悉的人打交道，他們交談接觸的人群類別與範圍和一般人不同，就像俗話說的「交朋友很重品質而不重數量」的一群人。

●焦慮型的內向

這種情況就比較複雜。這一型的內向時常會與沒有自信，以及強烈的自我意識結合在一起。焦慮型內向性格的人很容易會感到焦慮，尤其是在人比較多的場合，他們會將關注點轉向自己，會顯得很緊張，容易陷入焦慮，非常擔心別人怎麼看自己。

●克制型的內向

克制型的內向者看起來做事很有條理，而且都會事先就做好準備。好比發言會在心中打好草稿，談業務也一定會做好規畫。所以，外在表現和外向的人也很相似，但他們之間的區別也比較明顯。如果出席活動，外向的人會什麼都不想就積極參與，而克制型內向者就一定會考慮很多細節，做足功課才會出席。

●思考型的內向

這一類人在他人眼中是善於思考的，可能對自己的情感和想法比較保守，不喜歡與他人分享觀點和意見，甚至比較喜歡沉浸在自己的世界中。這與人們常說的沉穩有點像，但這也是內向性格的一種表現。

以上幾種類型，基本上涵蓋了內向性格的表現傾向，而每一個內向者可能屬於其中的某一種，也可能是某幾種類型的綜合。

❖形成內向性格的原因

內向者的心理活動是他們獲取能量的管道，所以性格內向的人會表現得專注於自我或不問世事。當他們感覺外在刺激足夠時，便會關閉資訊進入的管道。他們需要對外在經驗和自身經驗進行比較，在已有資訊的基礎上，理解新資訊。

從性格的養成而言，每個人最終成為內向的人還是外向的人，都有客觀環境的原因，內向性格的形成往往也有特定的背景。

●天生的內向性格

天生就比較內向。

●因大腦意識敏感而產生對人的緊張、恐懼

像青少年時期與異性開始接觸時，過分在意對方的看法，內心慌張，造成某種不自在的尷尬局面。

●家庭背景和保守的觀念

某些內向者的性格形成，與原生家庭有很大的關係。比如他們的父母屬於思想傳統或者嚴厲苛刻的人，希望孩子從小守規矩、服從家長的安排、不可有太多的自主性，而且與子女保持一定的距離。這種教育方式可能會讓孩子失去了這個時期應有的天真、活潑，容易造成以後不愛表達、沉默的人格。孩子應該敬重父母、家中長幼有序，但不是傳統封建家庭的尊卑服從。父母應該透過愛和奉獻，讓孩子感受到幸福。有些家長對孩子管束過於嚴厲，不讓子女去結交朋友，不允許孩子參加任何課後活動，認為這類活動會影響孩子的學業。所以，一些青少年在踏入社會之前，生活圈只限於學校及家庭。這些從小與同齡人缺乏充分溝通，成長空間過分狹窄的青少年，欠缺一般的人際溝通技巧，那麼，當他們正式踏入社會，開始做事時，無意之中就會得罪人，而這些人對他們所表現出來的反感，使他從此不敢再嘗試與別人溝通，同時完全退縮到自己的世界。

●與自身經歷有關

某些內向性格是在生活實踐中，在人與環境的相互作用中形成的。人的生活環境，具體地講，就是人的家庭、學校、工作等，人與環境的關係發展過程便是經歷，經歷也是性格形成的條件。

❖內向性格的特徵

為什麼內向的人有時候會讓外向的人感到不安？因為性格內向的人表現出來的舉動，可能有時候連自己都感到糊塗：覺得疲憊時，他們其實可能也會顯得很矛盾。也許前一天他們還非常健談和喜愛社交，隔天可能就一句話也不想說了。

總的來說，性格內向的人很可能會有以下特徵：

一、將精力保存於內在世界，使他人難以理解
二、專注於思考問題
三、說話前會猶豫半天
四、避開擁擠的人群，尋求靜謐
五、忽視其他人在做什麼
六、小心謹慎地與人交往，只參加篩選過的一些活動

七、不隨意發表意見，需要別人問才會說出自己的看法
八、如果沒有足夠的時間獨處或不受干擾，就會變得焦慮不安
九、以小心仔細的方式思考或行動
十、不會表現出太多表情或反應

2.2 心理學界對內向的新解讀

現代的社會，很多工作都需要比較外向一點的人，那麼內向的人是不是就必須特別鍛鍊自己的社交技巧呢？在他們的身上，哪些特質是可以保留的，哪些是需要改善以便適應社會？這是個相當普遍的問題。因為多數人在社會規範的約束之下，往往都會強迫自己裝得很外向。其實有時候，他們自己更喜歡內向。

❖ 內向與外向不等於個性塑造

《安靜，就是力量》作者蘇珊・坎恩認為，性格內向的人不僅不是以自我為中心，事實上可能還恰恰相反。外向的人不像內向的人那樣，擁有那麼多的內在刺激，所以他們需要從外在世界尋求刺激。正因為內向的人不以外向者所需要的方式閒聊或參加社會活動，使得性格外向的人覺得受到了威脅和挑戰。

傳統人格心理學的角度對外向、內向進行區分，雖然是一種主流觀點，但也不是完美無瑕。因為不論是內向或外向的人，都會依據自己的內心需求，對不同的個性特質加以判斷和取捨。然而，現代的心理學家往往忽略這種細微的表現。比如，幾種重要人格模型或者其他模型，都很少關注人們表現之外的動機與內心需求。

假如一個人的行為動機與他的個性特質相吻合，那麼一般來說，這個人在現實生活中就不容易產生心理衝突。如果一個人可能是一個很合群的人，很希望跟朋友在一起，而從個性特質上來說，他卻又比較內向，喜歡安靜的相處，這樣一個人的心理狀態就產生了衝突，從而產生了一個有意思的人格。

我發現，**這種內外表現落差很大的人，經常可以在銷售（或業務屬性的）行業發現他們的蹤跡**。他們非常善於處理人際關係，但是並不太能夠輕鬆地切換狀態。所以，性格的內向與外向，在真實社會中的表現是多元和複雜的。在真實生活中，內向的人有時表現得與外向者並沒有太大的差異，需要細緻感知和體會他們的內心世界，才能夠區別。

❖ 內向者的社交方式

性格內向的人並不是不愛社交，只是以不同的方式進行而已。內向的人喜歡維持適量的朋友關係，與太多人交往會耗費大量的精力，所以他們可能不願意將太多精力用於社交。在交流與溝通中，他們喜歡談得來或者志趣相同的人，從而增進學識；或者在交流內涵豐富的思想時，獲得滿意、快樂的感覺。即使不得不參加多人聚會，甚至對其他人很感興趣，他們也更喜歡觀察、傾聽他人的談話，而不太願意加入其中。

那麼，什麼是讓內向者感到比較自在的社交方式呢？

●在社交中思考

對於性格外向的人來說，談話和思考往往是同時進行的，即使和很多人同時交談，有的人依然可以十分清晰地思考問題，因此在社交中有突出的優勢。而性格內向的人容易因為心思細膩而陷入沉思，對思考比談話顯得更投入，以致他們總是「慢半拍」，或者與交談的人不太投機，給人的印象就是不善交際。對他們來說，需要一些時間來回味話題，與人交談也不會主動講話，除非那是自己非常熟悉的話題。

在交往中，性格內向的人表現得非常小心謹慎和消極被動。一些性格外向的人會對內向的人產生隔閡，或是覺得對方不可信任。因為外向的人一般都習慣有話直說，他們可能不想親近那些沉默含蓄的人。當內向者語帶遲疑，甚至有點吞吞吐吐時，外向的人可能會感到不耐煩。有什麼話不能直接說出來呢？為什麼他們對自己的觀點沒有自信？難道他們想要掩飾什麼？外向的人可能會覺得內向的人是不是故意要保留一些消息或想法。

● 喜歡替對方保留餘地

有時候，性格內向的人會顯得反應慢，講話遲鈍，好像與人交談並沒有全身心投入，不論交談的對象是外向的人還是內向的人，對方對這種表現都不會滿意，因為內向的人好像不能在交流中提供任何有價值的東西。其實，性格內向的人往往不喜歡干擾別人，他們往往會盡可能為對方多留空間，保留餘地，即使意見不一，可能也只是委婉或不做任何強調地表示回應。在其他場合，內向的人經過思考，真正表達自己的觀念時，卻能夠說出不同尋常的道理和深刻獨特的見解。但是他們的表達有時會讓人們不舒服，甚至讓人輕易便忽略其觀點的價值。**然而，當言辭動聽的人陳述同樣的觀點時，卻能得到熱烈的回應。這讓社交流於表面，是許多內向者不太願意參與應酬的原因之一**。許多性格內向的人在社交場合，雖然看起來面無表情或表現得漠不關心，實際上，他們通常還是會留心和思考人們正在談論的事情。如果問到他們，他們便會與大家分享他們的想法。

●促使對方停下來思考

性格內向的人經過深入思考發表的看法會令人更加印象深刻，但在一些場合下，性格外向的人可能會難以接受這樣的觀點，甚至感覺不適，認為內向者過於認真。內向者鄭重其事的態度，真正的意義在於啟發他人也做出冷靜的思考。不論在社交還是職場上，這都是非常值得重視的品格，不是嗎？從小處看，在發言前先思考一下，可以讓我們條理清晰、信心倍增地表達自己；朝大方向看，訂計畫時考慮後果，重大行動前，看問題長遠一些，都將影響深遠。如果雙方都不了解彼此的性格特質，性格內向和外向的人無疑會相互激怒，互相埋怨，很難共處。反之，或許能夠形成優勢互補，豈不是一件美好又讓彼此受益的事？

❖內向者的細膩表現

從日常生活的種種跡象可以看出，性格內向的人心思敏感而細膩，只有透過感知與了解，才能進入他們的內心，洞悉他們心底的祕密。

●對新的狀況反應強烈

一般情況下，如果周圍有電話鈴聲響起，性格內向的人會因為敏感，大腦立即變得活躍起來，而外向的人卻要好一會兒才能夠反應過來。只不過，內向的人需要一段時間做準備，因此可能會猶豫好一陣子才接電話，而外向的人通常會立即就接起電話。內向的人對新的情況會反應強烈，而外向者對改變的應對則相當迅速。

●排斥閒聊

有些心理學觀點認為，漫無目的的閒聊會阻礙人們進行真誠的交流。內向的人可能認為自己不被關注，或者和別人喜歡的話題不同，所以並不樂意參與閒聊。他們排斥閒聊的真正原因是，這種漫無目的的談話方式在自己和他人之間建立了一道鴻溝。其實內向的人並不是不願意交流，只是更喜歡以真誠的方式對話，深度和有意義的交流才是他們渴望的。

●不願意冒險

內向的人會對風險進行仔細考慮和全面衡量，這跟他們的大腦結構有關。心理學家和醫學界的研究結果發現，內向者大腦中的多巴胺活躍模式，與外向者的模式不相同。這並不是說內向者腦內的多巴胺含量比外向者少。兩者的多巴胺含量都一樣，但是內向者相對來說，會更少使用那些產生多巴胺的大腦區域。

●喜歡深度思考

其實，內向者的大腦活動更依賴一種叫「乙醯膽鹼」的神經傳導物質，這種神經傳導物質的路徑較長，會影響我們的注意力與學習、運用長期記憶，也會提供快樂感給予獎賞，使人產生愉悅的心理。這就導致內向的人往往會對事情的思考更加深入，也能讓他們長時間關注一件任務。

●富有創造力

內向的人通常喜歡獨自做事，也需要用這種方式來發現更有創造性的事物。在日常生活中，很多人都會發現，無法長時間獨處的孩子，如果要發展他們的創造力，通常會遇到很多困難。大部分被認定為內向者的藝術家和作家，他們最好的作品通常都是在獨處時創作的，而不是在集體工作時完成的。

●不擅長假裝

假如讓內向的人強行裝作外向，長期從事談判性工作或拋頭露面的職務，讓內向的人表現出「外向」的樣子，結果肯定不如人意。因為「作偽」或「假裝」會大量消耗他們的能量，讓他們的精神十分疲累。這一點非常值得重視，因為這個世界總是習慣把內向者塑造成外向者。

●有更高層次的目標

內向者對物質追求並不特別看重，心理學家的研究發現，如果內向者發現人生中有更感興趣的目標，這些追求是高於基本的物質生活層面（比如說藝術創作、科學研究），那麼內向的人會更傾向全身心投入更高層次的追求，對物質生活反而不會過於追求。

第三章

內向還是外向，你真的認識自己嗎？

3.1 內向者，為什麼被誤解的總是你？

一個人的性格決定他的機遇。每個人之所以給人的感覺都不同，主要就是因為他們的性格不同，性格不同會讓一個人的思想、行為、認知等方面都不同。

人類之所以不同於動物，就在於每一個人都具有強烈的自我意識，能夠認識自己的存在與意義，可以詮釋與修正自己，以實現自我的性格。

「內向」和「外向」這兩個心理學的專業名詞，常被許多人在不甚了解的情況下，在各種場合中濫用或誤用。

暢銷作家蘇珊・坎恩在《安靜，就是力量》提到：其實內向也不過是與外向相對的

一種性格特質，而非需要改變或者能夠改變的心理問題或性格缺陷。❶

就像男女的性別是天生的，內向和外向的性格也是先天形成的。內向性格更像是心思深沉的思考者，而外向性格更像是積極果斷的執行者。兩種性格沒有什麼好壞優劣之分，也沒有哪一種性格是絕對的有益無害。但為什麼總是內向的人遭受誤解呢？

❖誤解一：內向等於社交焦慮

有些被視為「內向性格問題」的現象，可能是指「社交焦慮」或「缺乏社交技巧」，但兩者並不完全是同一回事。社交焦慮是指參與社會活動時感到焦慮、緊張。很多社交焦慮的人，內心是想要與他人接觸的，但是他們對外在評價（尤其是負面評價）過分關注和擔憂，對犯錯的恐懼和尷尬阻擋了他們與人交往。但是，內向的人其實並不完全是害怕社交，他們表現得不喜歡參與活動，其實是他們的自主選擇。多數情況下，他們並不渴望與人接觸，因為他們更喜歡獨處。

❶見《安靜，就是力量》，蘇珊．坎恩著，遠流出版。

❖ 誤解二：內向者不擅言辭

性格內向的人並不是不能與他人交談，只是不喜歡沒有主題或漫無邊際地閒聊，不喜歡講無關緊要的話。實際上他們內心可能藏著很多話，如果遇到感興趣的話題或聊得來的朋友，就會滔滔不絕地傾訴。比起跟多數人一起出去玩樂，他們更熱衷與少數幾個人交流，並偏愛有內容和深度的談話。簡單說來，關於內向者不愛說話等行為，不是因為他們「不能」，而是「不想」。

據說以口才謀生的人，比如主持人、相聲演員、演說家，性格內向的人反而比較多。對他們而言，說話可能只是一項工作，他們可以在眾人面前發表演說、在舞臺上表演，但私下卻可能不太喜歡跟一大群人聊天。

❖ 誤解三：內向者不喜歡跟人打交道

其實，內向的人非常重視友誼，因為身邊真正的朋友可能並不多，所以他們隨時能夠叫出摯友的名字。一旦與內向的人成為朋友，也就真正走進了他們的內心世界和生活圈。另外，內向的人喜歡思考，有時候可能近乎胡思亂想。如果他們找不到可以談天說地或是分享樂趣的人，生活也是會非常孤單的，因為每個人都渴望擁有知己，內向的人更是如此。他們不希望被捲入嘈雜熱鬧的集體環境中，因此不喜歡長時間待在公共場合中。

❖ 誤解四：內向者很古怪

由於內向的人多半崇尚個人主義，他們的行為一向不愛屈從於大多數，更喜歡自己內心認同的生活方式。因為他們常會以自己為主來考慮事情，便顯得和社會十分不合拍。他們在重要的事上不會人云亦云，大多數時候也都有自己的看法和主見。所以，可能會因為行事謹慎、沉默寡言而被貼上「不合群」、「高冷」的標籤，甚至還會被家人和朋友強迫外出。其實，性格內向的人自己並沒有感到什麼不便，卻會被擔心自己的父母要求變得外向一點。而這些性格比較自我的人，可能因為旁人的觀點感到困惑並自我否定。其實性格的特點與心情沒有必然關聯，內向者的生活方式並不是不快樂，只是喜歡享受另一種類型的快樂，比如沉浸在無人打擾的寧靜中讀一本書。

❖ 誤解五：內向者粗魯愚笨，難以溝通

在與別人照面寒暄的時候，內向者不喜歡拐彎抹角的說話。他們希望人人都像自己那樣真誠。很不幸的，在大部分情況下這都行不通。所以內向者很自然就會有社交壓力，他們很難融入群體。內向性格的人更留心關注自己的內心世界，將注意力完全傾注於自己的思想和感情上，但這並不代表他們對外在世界毫不在乎，只不過相比而言，他們更在意內心的精采。

❖ 誤解六：內向者不適合當領導者

事實上，在全世界的各種領域中，都有性格內向的領導者，只是大眾可能看不出他們內向的一面。內向者其實很適合擔任領導者，因為他們十分擅長分析和決策。即使多數時候是一個人工作，他們也能夠好好發揮自己的長處。另外，領導者多數時候也需要善於傾聽，內向的人更能觀察到容易被忽視的細節，更擅長收集資訊、激勵員工，也善於構想抽象的藍圖，對於決策更慎重，特別是他們在管理團隊中的外向者時，往往很有

自己的方法。

❖誤解七：內向者不懂得享受

內向者在家裡或是在自然的懷抱中是非常放鬆的，但在公共場合就會變得拘謹起來。內向者不喜歡嘈雜的環境和刺激的體驗。如果環境太吵鬧，他們就會走得遠遠的。他們的大腦對於多巴胺非常敏感。內向者與外向者有截然不同的神經控制通路。

❖誤解八：內向者的情感不夠豐富

雖然內向性格的言行舉止從不誇張，但並不代表他們心裡沒有飽滿的感情，只不過他們善於控制，比較傾向用更細膩的方式處理和表露感情。就像很多內向的人也能從事演藝行業，一樣具備幽默的細胞，雖然他們表現的方式是節制的，但他們的細膩和深刻也許更能夠體現情感的真諦。

❖誤解九：內向者必須改變自己，成為外向者

世界上多數人是性格內向的，而且大多數專業人才都是內向者，包括科學家、音樂家、藝術家、詩人、導演、醫生、數學家、作家和哲學家。這表示，內向的人自有其成功之道，不必強迫自己成為外向者，要尊重自己的天性並對整個人類社會做出自己的貢獻。事實上，人的智商高低與內向的程度成線性比例，有研究指出，越內向，智商也就越高。

社會上有很多案例，能讓我們重新認識內向者：比如十七歲就輕鬆考上清華大學物理系，二十二歲考取李政道獎學金赴美留學，二十九歲在美國麻省理工學院獲得博士學位，三十四歲創辦網路公司搜狐的天才型人物——搜狐CEO張朝陽。他曾自我剖析：「我是個比較沉默寡言的人，很內向。我話少的原因是我追求真實。追求真實源於對人的關注、對人的內心世界的探索，同時跟學物理有關。學物理總要探究事物的根本原因，對世界上所發生的事情都要一探究竟。」張朝陽內向而聰敏，在他身上，我們看到了內向者的力量。

張朝陽屬於「邁爾斯-布里格斯性格分類指標」（MBTI）中的INTP（學者型，又叫工程師）人格，第一官能是內向思考。就是能把邏輯結構當成麵包來吃，並且吃得津津有味的人，這是比較稀有的人群，但比哲學家還是多一點，約占人群的三點五%。張朝陽喜歡挑戰各種不可能。

因此，強行讓一個性格內向的人捨棄自己的個性、被迫融入外向型的社會，是不合情理的，也是不可取的錯誤。內向的人也可能會因為自己與大眾之間的差異而心生憎恨。若你覺得自己是個性格內向的人，毋須太過緊張不安。充分了解自己的性格特點，再和其他的內向者多多交流，就能掌握自己的人生道路。雖然社會給性格內向的人比較大的壓力，但更重要的是，我們也要學會尊重我們自己。

❷見《內向者無敵》，胡鄀著，機械工業出版社，二〇一〇年出版。

3.2 內向者應該被看重的本質

人人都羡慕各行各業的成功人士，印象中他們往往能言善道，面對大眾能夠侃侃而談。在大多數人眼中，他們應該都是性格外向的人，因此，性格外向的人似乎比內向的人更容易成功。

如此說來，內向的人就很難成功嗎？其實只要發揮內向性格中的可貴特質，同樣可以光芒萬丈。一個人是否優秀和成功，依據的並不是他的性格，而是創造力和洞察力，而這源於人的行動力。

❖ 獨處帶來的力量

在生活中，只有當你獨處時，才能真正投入到「提升練習」當中；而當你積極去提升自己的時候，會發現成功並非遙不可及。許多性格內向的人或多或少擔憂過，認為自己欠缺適應環境的能力，深恐自己會被淘汰。在某些情形下，比如找工作、拓展業務等，性格外向的人確實更受歡迎。但這並不代表每一個人都必須如此才能夠展現才華，才能夠對社會有益。大千世界，各行各業五花八門，其實需要各式各樣的性格、作風與不同才華的人。只不過現代社會強調競爭、主張新奇，形成了一種輿論「潮流」，使人誤以為想在現今社會生存、做出成績，就必須要快速適應、立即表現、爭取機會。

在現代生活中，人們一味地要求去競爭、去表現，只以搶在別人之前為勝利，有時即使對社會造成負面影響也在所不惜。這種對「競爭」的重視，使得人人感到自己在孤軍作戰，而周圍都是敵人。哲學意義上的「現代人」的「孤獨感」，就是沙特、卡繆等人的存在主義觀點「他人就是地獄」，❸就先肯定了環境中的每一個人都是自己生存的死對頭。在各種資源和利益的爭搶中，更有手段的人成功了，而你沒有搶到，所以被判定失敗。這些東西實際上到底有什麼意義？社會的標準認為「搶」的本身就是目的，被認為是「本事」。這種觀念顯然會妨礙創造具有深度與恆久價值的成績。

❸「他人即地獄」是一個著名的現代哲學論斷，來自法國存在主義哲學家、文學家沙特一九四五年的劇作《密室》，描述了人與人之間不可避免的矛盾衝突。

●內省、深耕、緩解對立

事實上，內向是一種不斷促使自己內省的性格特色。內向的人往往有一種優美的氣質，具備一種比尋常人更有深度的思考與認知能力。而且，內向的人可能在情感表達上比較收斂，不那麼飽滿和激動，也是形成高雅風度的一種內在力量，可以**緩解人與人之間的對立衝突**。

內向，是對自己內在心理全面而深刻的洞察，也是對外界人與事的一種細膩感受。有時候人們會覺得內向的人接觸外界的積極度不高，但內向者更有一種「旁觀者清」的分析優勢。如果內向者不被社會過分強調的「競爭優勝」所迷惑，就會明白並不是只有外向的人才能成功。世界是多元的，總有一些事情是更適合內向性格去完成的，而有一些工作是內向的人更能夠勝任的。與其為了虛偽的表現而去學習外向，不如盡量發揮自己那敏感深思的特長，在**需要深度**的工作中努力鑽研。古今中外許多「不鳴則已，一鳴驚人」的故事，主角都是不擅長立即表現，而是透過深思熟慮，把自己長期累積的知識加以錘煉後，才將才能發揮出來。這類內向者通常特立獨行，他的思想能達到別人不能達到的深度，而且，因為觀點與視角的差異，他能看到別人看不到的問題，說出別人不知道的事實。一旦成功，必定格外引人注目。

❖脆弱反而成就了卡夫卡

例如二十世紀小說家卡夫卡，❹他出生在布拉格貧窮的猶太人家庭。從小性格十分內向、懦弱，用現在的話說就是沒有男子氣概，非常多愁善感，老是覺得外在環境都在壓迫和威脅他。

當然，他的感受的確和他的成長環境有很大的關係。卡夫卡的父親個性比較粗魯，有時候對卡夫卡很嚴厲，竭力想把他培養成標準的男子漢，希望他具有寧折不屈、剛毅勇敢的性格。父親的這種教育方式，不但沒有改變卡夫卡，反而讓他更加懦弱自卑，並從根本上喪失了自信心，致使生活中很多小事情，如家人圍坐在一起的說話聲，甚至貓狗的吵鬧，對卡夫卡來說都是災難。他一直在憂鬱中長大，整天都在察言觀色，**獨自躲在角落裡悄悄咀嚼受到傷害的痛苦**。

若以今日的心理學標準來看，卡夫卡可能已經超出一般的內向，來到病態的焦慮階

❹卡夫卡（一八八三—一九二四），生活於奧匈帝國時期，出生於捷克布拉格的德語小說家。二十世紀現代主義文學的重要奠基者之一，擅長刻畫詭異驚悚的心理世界以影射現代社會，表達現實生活中的扭曲和荒誕。

段了。他的人生註定是悲劇，即使想要改變也改變不了。然而，讓人們始料未及的是，這個人後來卻成為二十世紀偉大的文學家之一。卡夫卡這樣的性格可以說做什麼應該都是沒有用的，為什麼還會成功呢？他極度內向、懦弱、多愁善感，從事文學創作反而能發揮和釋放他的個性。在這個他為自己營造的藝術王國、精神家園裡，他的懦弱、悲觀、消極等弱點，反倒使他對世界、生活、人生、命運有了更尖銳、更敏感、更深刻的認識。他以自己在生活中的壓抑、苦悶為題材，在作品中把荒誕的世界、扭曲的觀念、變形的人格，解剖得淋漓盡致，留下了《變形記》、《城堡》、《審判》等不朽經典。

❖ 學會幽默自嘲的林肯

如果我們認為卡夫卡過於特殊，可以再看看美國歷史上著名的總統林肯。林肯出生在肯塔基州的貧苦家庭，童年時，他是個性格靦腆、不善言談的人。母親去世以後，林肯雖然逐漸開始變得成熟，但性格還是很內向，臉上總帶著憂鬱的神情。他起初從事的行業是律師，正如我們所說，內向者並不是不能夠與人交往，林肯從事的工作也要與各種人接觸，確實令他有了改變。當林肯成為美國總統時，他刻意讓自己習慣美國式的幽默，而且眾所周知，林肯在演講方面也獨具特色。

林肯透過律師這個職業，刻意彌補了自己的不足，他不僅學會用自嘲、調侃、講大白話等幽默方式來緩解內心的緊張、釋放壓力，還為眾多聽眾營造了輕鬆愉悅的氛圍。小到自身許多問題的發現，大到從政時期領導社會變革，都是他善於反思、深入思考的內向性格起了作用。

所以，內向性格是一種助你**深耕**的力量，若能妥善運用，一樣能夠獲得巨大的成就。而一個真正成功的人，除了有活躍的一面，也一定會有沉靜穩重的一面。內向的人可能不喜歡講話，但一樣可以很健談；可能不喜歡社交，但一樣可以在必要的時候一展風采。

3.3 內向者值得被欣賞的特質

如果你是個內向的人，為什麼要刻意改變，去迎合與自己本性截然不同的價值標準呢？就像俗話說的，凡事都不是絕對的，上帝如果給你關上了一道門，一定也會為你打開另一扇窗。我們需要正確看待每個人的長處和短處，揚長避短。

❖ 看透本質的能力

就像一個寓言故事所說的，一個國王想要考驗囚犯的頭腦，釋放裡面真正聰明的人，他對關押的一群囚犯說：「你們之中，誰能從這間牢房裡輕鬆自如地走出來，我就赦免他的死罪，還會賞給他良田和金錢，讓他有機會重新開始生活。」那些囚犯都覺得國王在開玩笑，因為牢房被鎖著，十分堅固，要走出去顯然是不可能的事情。過了一會兒，一個平時不愛說話的囚犯站起來靠近牢門，觀察片刻，他抓住鎖門的鐵鍊，輕輕一拉，門一下就開了。原來牢門外的鐵鍊只是掛著，並沒有真的鎖上，只要你有勇氣伸手去拉開鐵鍊，牢門自然就會打開。

這個故事說明，事物的外表都會騙人，世俗的眼光和輿論容易讓人迷惑，**內向者卻具備看透本質的能力，根本沒有必要庸人自擾。**

內向性格具有很多值得欣賞和發揚的特質，綜合歸納起來，至少有以下幾點：

●享受獨處是自己的選擇

大多數人喜歡生活熱熱鬧鬧，害怕一個人的孤獨感，性格內向的人往往很享受獨處的時光。內向的人並不害怕社交，不參與活動其實是他們的自主選擇。

●善於傾聽，最有同理心

內向的人通常很安靜，不愛閒聊，因為懂得尊重他人，也最善於傾聽，富有同理心，能夠站在別人的角度思考。在你難過時，外向的人會聽你說，然後帶你去各種地方強行排遣苦悶，但這未必真的能解決問題。而一個內向的人不僅能傾聽你的難過，還能夠陪你一起難過，然後會思考，真正提出有建設性的意見，幫助你度過難關。

● 專注，又有深度

內向的人做事也比較安靜，大多喜歡讀書寫作，或者從事研究，一般可以獨立完成工作。他們心思細膩，善於觀察，經過多年的磨練和沉澱，他們的注意力高度集中，能夠深度思考，常常可以取得或大或小的成就。

● 想清楚再說話，凡事有理有據

內向的人喜歡思考，所以無論任何交流談話，他們都會深思熟慮，不會口無遮攔。在現代凡事都講求快速的社會，他們擁有的應該是很稀有的特質，雖然常常被誤以為是不善於表達，但是內向的人只是更加謹慎。

● 不需要掌聲的驚人執行力

內向的人並不是做事不積極，只要考慮時機成熟，也一樣會付諸行動，而且既專注又有恆心，可以很自信地堅持自我，不需要鮮花掌聲，一樣能把事做得漂亮。他們不願誇大其詞，喜歡盡善盡美，只要把事做好就會很滿足。

●敏銳的洞察力

在日常生活中，外向的人總是急著表達看法和觀點，有時候，事情都還沒弄清楚，就開始漏洞百出地滔滔不絕，很容易讓人覺得不舒服。而內向的人對待事情比較冷靜，容易看到本質，所以他們更具有洞察力，遇到事情也能做出比較正確和明智的判斷。

●做人可靠，值得信賴

內向的人一般不愛閒聊，善於傾聽，善於給別人留有餘地，往往最會保守祕密，也最值得信任。了解內向者的就知道，他們不會隨便評頭論足，也不會四處散播謠言，因此十分可靠。

●對事有獨到見解

在一些事情上，怎麼說可能比說什麼更重要。性格內向的人並不缺少談資，而是因為他們看待事情都很認真。他們發表看法，往往一語中的，不會敷衍與迎合。

●出色的領導者，與眾不同的風範

大眾化的看法可能會認為，不愛社交的內向者很難去帶領團隊、領導公司或機構，事實上恰恰相反，內向的人同樣可以成為很優秀的領導者。事實上大多數領導者都寡言少語，性格內向，但他們知道如何尊重他人的需求，如何進行戰略性的思考，以及如何提出有價值的雙贏建議。

●強大的自我認知

就像古希臘諺語所說：人最大的智慧是認識自己。當今社會資訊網路化、碎片化，讓很多人陷入迷惘，想不通自己為什麼會成為這樣的人。而很多內向的人內心堅定而強大，他們容易撥開迷霧，看透事物的本質，對自我有清晰的認知，知道自己真正需要的是什麼，然後遵從內心的想法，為自己充電。

●卓越的創造力，擁有內在能量

內向的人其實擁有外向者無法比擬的天賦。因為心思敏銳，善於思考，在冷靜的頭腦之下，蘊藏著豐富的潛能，所以許多偉大的藝術家、哲學家都是不愛社交的內向者。

●感情豐富，也懂得控制情緒

內向的人心思細膩，都很敏感，但他們其實懂得克制，很少激烈表達和發洩，很多激烈的情緒不太寫在臉上，在交往中會給對方留有餘地。他們心中會有五味雜陳，大喜大悲，但堅強的內心能夠讓他們看起來波瀾不驚。

●深度人際，交心摯友

內向的人身邊的朋友不多，但只要一交朋友，就會把對方當成一輩子的摯友。他們很看重朋友的品質，從不交酒肉朋友，要交就要交心。所以，這些內向者交往的人，往往都能在關鍵時刻成為其助力，因為他們的關係「夠硬」，禁得起考驗。

PART 2【進階篇】

內向，在狹縫中爆發力量

第四章

讀懂內向者的心

4.1 害怕，是因為心中躲了個小小孩

性格的內向與外向，我們應該客觀看待。不論內向與外向，都各自具備長處和短處，同樣具備優勢和劣勢。那麼內向的人，該如何面對自己的劣勢呢？

性格內向的人心思敏感，很容易受到外在的刺激，一旦覺得「刺激太多」，他們就會心理不適、惶恐不安，站也不是，坐也不是。所以他們往往會限制自己的社交，以免被弄得筋疲力竭。

❖公開討論會讓你不知所措

例如公司召開專案會議，大家集中討論一個方案，需要人人都發言，集思廣益。如果內向的人被強行拉來這種場合，壓力就會很大，在眾目睽睽之下發言時，他可能會不知所措、吞吞吐吐，最後也無法將自己的意見表達清楚。

心理學家通常會為這類失敗提供三種解釋。第一種解釋為「社會性惰化」：在一個小組中，有的人會對工作袖手旁觀，把所有工作都丟給隊友。第二種解釋為「產生式阻礙」：小組中只有一位成員在滔滔不絕或者迅速產生想法，而其他的小組成員則處於被動聽取的位置。第三種解釋則為「評價焦慮」：對在同伴面前出醜的恐懼。性格內向的人在先前的案例中，就是第二和第三種的綜合表現。❶

在許多人眼中，內向者可能是不善言辭、過於安靜的，開口講話時也特別注意他人的反應，彷彿在社交方面缺乏自信，害怕與人交往且自我封閉。而且很多人從小到大一直如此，對外界環境總是充滿各種擔憂和恐懼。

❶《社會心理學》，美國阿倫森著，侯玉波翻譯，中國輕工業出版社，二〇〇五年出版。

❖原來這世上最了不起的就是自己

在青少年時期，一些性格內向的人的生活範圍只限於學校及家庭，成長在比較封閉的環境裡，因而更加強化了他們的內向性格，讓他們對於接觸外界越發敏感害怕，就像童話裡的小老鼠。

大家小時候應該都看過卡通《湯姆貓與傑利鼠》，主角小老鼠傑利是很多人都喜愛的角色，和大貓湯姆鬥智鬥勇，常常處於上風。但現實中的內向者和下面故事裡的小老鼠更相似，也沒有傑利那麼樂觀。

有隻小老鼠很有自知之明，覺得自己太渺小了，就很希望找到最大最強的東西跟自己做伴。但在城裡城外逛了一大圈，都沒有找到滿意的夥伴。到底什麼才是最大的呢？小老鼠到處打量，仰頭一看，忽然意識到最大的東西當然是無邊無際的天空了。小老鼠就問上天：「天啊，你那麼大，應該什麼都不怕，我卻這麼渺小，你能給我勇氣嗎？」

老天卻告訴牠：「哪裡是啊，我也有害怕的東西，我怕雲朵。因為雲朵一旦出來就會遮天蔽日。」小老鼠聽了覺得有道理，天都怕雲，雲自然更了不起，於是就去找雲朵說：「你能遮天蔽日，應該是天地之間最強大的吧？」雲朵說：「怎麼會！我最怕風了。我好不容易才把天遮住，當風一吹來，雲開霧散，我就會被吹跑了呀！」

小老鼠又去找風說：「風啊，天上萬物都抵擋不住你，這世上應該沒有你害怕的東西了吧？」風說：「我也有怕的東西啊，我怕牆。我能吹散天上的雲朵，但是地上有堵牆我就吹不過去了，所以牆比我厲害。」小老鼠就回城去找牆，說：「你連風都擋得住，你是不是天下最強大的東西呀？」

牆卻說了一句令小老鼠非常驚詫的話，牆說：「開什麼玩笑，我最怕的就是你們老鼠啊，因為老鼠會在我的根基上咬出很多牆洞，還住在我的下方，有時候，我還會因為老鼠洞而轟然倒塌哩！」這個時候，小老鼠恍然大悟：原來這個世界上最了不起的就是自己。

❖ 從容應對社交的實用方法

當然，任何人的成長都是這樣，現實裡很多事物都會讓人感到害怕和恐懼，起初誰都想依賴強者，但真正能夠依靠的只有自己。並且，人在精神上和心理上也會有自我保護意識。有些人受過欺騙，就不太容易再次相信別人，正常情況下，人的自我保護意識都處在平均值上，而性格內向者的自我保護意識又會更強一點。

自我保護意識強，可以讓自己的內心免受外界傷害。但是如果自我保護意識過強，卻會對感情生活不利；把心封閉起來，你不會受到傷害，但也得不到相應的疼愛。自我保護意識太強的人，較明顯的缺點就是猜忌多疑，不輕易相信別人，患得患失，不喜歡和別人合作，總覺得周圍的人都在注視或者討論自己。

極度內向的人，內心時常會感到焦慮、恐懼，針對這種情況有必要做出一些調整，例如在與人談話時，可以嘗試以下幾個改善方法。

●預先準備聊天的話題與回應

和身邊的親戚、朋友或者同學、同事進行交流對話，逐步練習，可以直接把事先準備的一些問題和回答背出來。雖然顯得生硬，但至少能夠保證對話相對順利，讓你慢慢建立起初步的信心。

●搜集有趣話題備用

網路上有幽默、時尚、熱點、旅遊、影視娛樂、美食購物等五花八門的話題，根據來往對象提前做一些功課，累積越多，越不容易冷場，而且越是輕鬆、和工作業務無關的話題，越能讓緊張的談話氛圍變輕鬆。

●對話時，多關注對方的談話內容

在和人交流的過程中，內向的人都會細心留意對方，而不是急於回應和表達，只要對方講得越多，就有越多的時間來思考。因為很多內向的人害怕和陌生人說話，往往都是怕自己說錯話讓別人不喜歡。那麼，就應該發揮這個特點，盡量讓別人多表達，偶爾可以用提問延續話題，這樣非但不會給別人留下糟糕的印象，反而會讓對方覺得遇到了很好的聆聽者。

●帶著明確目的進入對話

比如和陌生人對話，你可以為自己設定一個目標——好比是：全面了解這個人。那麼在對話過程中，你所有心思就全都放在了解這個人上面，不要擔心其他問題，也不要說不相干的話。不要覺得對話有目的性是不好的，換位思考一下，你會喜歡和一個跟你漫無目的瞎聊的人花太多時間相處嗎？

4.2 蝴蝶振翅，也能搧動心裡的颶風

我們知道，性格內向的人喜歡獨立思考問題，他們經常高度集中注意力，從事富有創造性的工作。但是，他們因為心思敏感，容易受到外界的刺激，儘管有時候外表看起來並沒什麼異樣。

❖ 心思敏感的內向者

內向的人大多對聲音非常敏感，如果周圍環境太吵雜，他們就會無法集中精力，心情煩躁。內向的人大多不願多說話，不願接觸陌生環境，不願涉及與自己無關的話題，不願主動參與無意義的社交活動。

如果一個人要適應社會，就要順應各類環境，有時還不得不去面對現實中的種種無奈。無論日常生活還是工作職場，總有很多情況需要人們硬著頭皮去適應。內向者會遇到一些人與事，聽到很多言論，經歷很多場合……接受的外在刺激越多，心靈的起伏就

會越大，他們會很容易產生壓抑鬱悶的情緒，而且隨時都會爆發，嚴重的話，還可能會身心崩潰。

❖過度再意別人的看法

我有個朋友小譚，很多認識他的人和我聊起他，都說他在處理同學、朋友關係時讓人感到難以相處。我知道他性格內向，情感深沉。在大學畢業後，他曾進了一家公司，卻在無意之中得罪了一些人，但他自己卻完全沒有意識到，依舊沉浸在自己的世界裡。其實他內心有與人交往的強烈需求，很渴望與同事、同學、朋友融洽相處，只是缺乏主動性，總等著別人親近自己，在感情上包容、接納自己。

尤其是在面對女性時，他會感到更加不自在。小譚的公司有不少女同事，但他性格過於沉悶，和女生聊天找不到話題，工作上的接觸又很少，所以就沒有別的交流機會了。中午吃飯時，他要麼一個人，要麼和幾個男同事結伴，偶爾免不了會有女同事一起，這時他便會緊張不安，害怕開口，擔心鬧出笑話，露出窘態，引人嘲笑和輕視。

小譚很長一段時間都為這種情況感到無奈、失望……剛開始他還是很想與人正常交往的，但真正跟別人接觸時卻又不敢開口，甚至緊張臉紅。慢慢地，他竟然變得害怕與人交往，並逐漸產生了焦慮、孤獨的情緒，不敢面對挫折，只想逃避現實，覺得只有躲在沒人的地方才安全。小譚就是由於自我意識過於敏感，而在接觸外界時產生了緊張和恐懼的心理。在和他人的接觸中，他過度在意對方的看法，以致情緒緊張，陷入尷尬的局面。

客觀來說，像小譚這樣性格內向的人，是由於對外接觸時受過巨大刺激，因而產生封閉自我，或者社交恐懼的情況，是過度自我保護意識導致的。其實這種保護機制原本是人類的一種原始本能，在受到刺激（遇到各種危險）時，優先選擇自保，退縮逃跑，可以將傷害降到最低。就像遇到危機，你會拔腿就跑，等你反應過來，你已經跑了幾條街了。

❖ 躲在舒適圈裡，是無法走出困境的

這些人因為情緒反應過度，而使大腦受到刺激，一旦在極端壓抑和不舒服的環境中，就會表現出各種不安的徵兆。好比在會議上被迫快速做出決定時，他的語速便會加

快，或者產生各種肢體動作，諸如緊張地敲手或腳，不耐煩地看錶等。像小譚這樣和女同事一起吃飯就會感到緊張和疲憊的情況，也使得朋友、同事之間的相聚變得不適。因此，這類內向者總會排斥社交場合，一般會避免參加社交活動。

內向者受到外在環境刺激的下意識反應，就是逃避，本來可能只是尋常的一次社交失敗，但長久避免與陌生人接觸，會讓人只習慣躲在自己的「舒適圈」，無法走出困境。

當然，如果自己有比較嚴重的性格問題，絕大多數內向的人都有自知之明，也會想辦法做出積極的改變。很多人很不喜歡自己有這種缺點，這是可以理解的，但這種自我厭棄的心理也同樣是一種負面情緒，只會產生更大的心理壓力。其實，心理學家建議，勇敢面對自我，首先應該從**接受自己的身體**開始，不論是好的還是不好的，然後再嘗試改變。

比如說，我知道自己的體重超標了，就透過進食少油、低熱量食物，堅持運動來改變。但對於不能改變的特徵，如自己的相貌、身高、音色，就要坦然接受，不能強求改變，否則就容易陷入偏執的境地。

❖試著向別人敞開心胸

當然，幾乎每一個人都希望自己擁有健康理想的性格，那麼，向別人敞開內心是最好的辦法。一般來說，為了不跟外界發生衝突，大多數內向的人都比較壓抑自我，盡量減少自己與外界的接觸，所以即使遇到刺激，他們也會強制性地迴避問題。其實，過度壓抑自己就會產生身心障礙。心理學家傑拉德．西蒙就強調，即使在社會生活中頻頻壓抑自己的人，至少也要有一處可以傾訴、發洩胸中的鬱悶和不滿情緒的地方，這是擁有健康性格的必要條件之一。❷

那麼，內向的人該如何敞開內心呢？可以嘗試從**小目標**開始，再循序漸進。人與人之間的交往，若一方抱著很高的期望，另一方卻敬而遠之，兩人便無法順利溝通。內向者通常會精心挑選談得來的朋友，但大多數人無法都成為知己，所以，有些人註定只是泛泛之交。如果過於敏感和期望過高，一旦對方有什麼不對勁，就會引得內心情緒激動，這是沒有必要的，要把要求降低，把期待值降低，和他人慢慢接觸。

敞開自己的心固然是發展朋友關係的基本條件，然而，一見面或在公眾場合十分熱情，嘰嘰喳喳吐露自己內心的各種情緒，也會令別人感到奇怪，效果會適得其反。所以，交往溝通只有適度，才能避免受到一些無謂的刺激，這也有利於培養健康的性格。

❷傑拉德·西蒙博士，美國資深心理學家，曾任教於美國佩伯代因大學心理學系，加州大學伯克萊分校哲學博士。

4.3 一句話要想千千萬萬遍

現實生活中，性格內向的人多少都有一些關係不錯的朋友，他們也會深入地聊天，但總的來說，內向的人話不多。他們在感興趣的話題上能談得比較深入，但仍舊會經常深度思考，這就使得聊天難以順暢進行，或者說他們要比別人多花一些時間才能接上話，氣氛和節奏往往有點不自然。

從心理學上這叫「警覺注意力」(alert attention)，屬於注意力的一個層面。在這樣的心理狀態下，他們在做決定前一定會比別人考慮得更久。他們似乎覺得——有時是有意的，有時是無意的——觀察越深入，自己獲取的資訊量就越大。

❖ 閒聊也會深思熟慮

有時候，性格內向的人會根據不同的回答策略，考慮每一種回答在不同的時間所取得的不同效果，這種感覺就好像是在進行一種害怕失誤、害怕引起衝突的反覆權衡。所以，內向的人往往經過深思熟慮，才會說出自己的看法或者觀點，總希望自己說的話既深刻又周全。

事實上，世界上很多成功而優秀的內向者，確實在演講或發言上都無可挑剔，不管是政治家還是企業家，都有這方面的人物代表。當然，也有曾經不那麼成功的例子，例如獲得奧斯卡大獎的影片《王者之聲》中所演繹的真實故事。

❖ 戰勝口吃，順利演說的喬治六世

英國國王喬治六世從小患有口吃，不擅長講話，性格也因此很內向，其實這不是指他不能夠與人接觸。身處王室，各種社交禮儀場合非常多，只不過他因為有語言表達上的困難，對這些比較排斥，也從來沒有想過有朝一日能當國王。他有個非常英俊、談吐優雅的大哥溫莎公爵。然而大哥生性風流，和寡婦有染，鬧出巨大的風波，令老國王喬治五世很失望，最終選擇了這個既有性格問題、又有先天障礙的喬治六世。

電影很真實地反映了他的心理變化，由於戰爭來臨，他繼承了王位，必須要對國民和全世界表明國家的立場，鼓舞民眾。但這對性格內向和不愛講話的人來說，是難以承受的壓力，他第一次面對公眾說話時，就因為過於在意自己的口吃，緊張之下竟然一度失語。

幸運的是，喬治六世遇到了一個語言治療師，也是一個很出色的心理專家。他先讓喬治六世頭腦放鬆，舒緩心情，然後敞開內心，嘗試表達。在一連串的接觸中，這個專家發現了國王的祕密，音樂可以緩解他的心理障礙，讓他做出正常的朗誦。最終，在心理專家的幫助下，國王順利地完成了戰前的一次重要談話。

對於生活中大多數的普通人來說，不論性格內向還是外向，都難免會在公眾場合說話時產生恐懼情緒，變得緊張無措。其實，有一些人並不是真的害怕講話，而是需要反覆思考該怎麼說和說什麼，所以才會導致說話不順暢，讓人感覺他們是害怕當眾講話，甚至會感覺他們難當大任。誤會不消除，就會造成惡性循環，讓內向者失去更多表現自我的機會。

❖ 內向者如何把話說得更順暢

我們認為，性格內向的人如果確實從事公眾事務，或者身居公司企業高層，便很有條件可以透過參加辯論社或公眾演講活動、做活動主持人或者課程講師等方式來提高語言表達能力。

對普通人而言，雖然不一定需要改變說話習慣和方式，但只要下定決心並持之以恆，一樣能夠做到更好。因為不論是什麼性格的人，我們的可塑性都比自己想像的要大很多。假如希望和別人交談順暢，或者提高表達與溝通能力，可以從以下幾個細節著手嘗試練習：

● **換位思考**

對於任何話題，以及相關的事，不要都從自我出發、只在乎我想怎樣，而要設身處地地進行考量，客觀公允地論述。當然，也不用面面俱到，想得太多，否則容易破壞交談節奏，造成冷場。

● **不卑不亢的態度**

性格內向的人最在意對方對自己的各種看法，而且對當面的或公開的批評意見更為在意。當然，只要做到立論公平客觀，就不需要顧慮太多，害怕別人誤解或批評，怕被說不好，更沒有必要帶著自卑的心態。

●自省的練習

如果是針對別人提出的一些觀點，自己有不同意見，別急著反駁和責怪對方，先問問自己的看法是不是公允無誤，在和別人交涉前應將自己的觀點再在腦海中過一遍。一方面可以發現自己觀點的缺漏，及時彌補，另一方面如果發現自己是錯的，對方是正確的，也可以避免與別人發生矛盾。

●嘗試先和少數人溝通

如果在人多的聚會上開口會讓你感覺不適，可以嘗試先找少數幾個人進行溝通，慢慢嘗試交流，選擇個人比較擅長的話題，逐步鍛鍊，提升交談的能力。

●盡量尋找共同話題

一般內向者剛開始與陌生的人接觸時，不會喜歡和陌生人深談，那麼可以和對方找一個雙方都感興趣的話題，可以是工作或學業，也可以是你們都喜歡的明星，或者是最近的某個熱門新聞。由於內向者往往對外界敏感而開放，擅於傾聽和捕捉細節、在短時間內了解別人，因此，找到共同的話題對他們來說不會很難。

總的來說，性格內向的人有可能因為某些原因受到刺激，導致在人前講話會感到恐懼，但也有一些人是因為想得太多，顧慮該怎麼說和說什麼，才造成講話不順暢，這種情況是可以透過方法練習改善的。儘管同屬於內向性格，人和人的情況也並不完全一樣，要積極去尋找方法，而不是坐等上帝為你送來讓你滿意的朋友。

4.4 否定世界之前，早已否定自己無數次

有不少性格內向的人很容易沒自信，內心敏感多疑，很多時候因為別人的某個看法，甚至一個意義不明的眼神就可以否定自己。因為不自信而時常否定自己的心理，是最糟糕的特質之一。

雖然大多數內向的人都喜歡獨處，原因卻不完全一樣。有一些人是屬於清高自傲而不願意與尋常的人交往；也有些人源於自卑心理，因為受過刺激或社交挫折，對於社交缺乏積極的勇氣與動力，總以為別人瞧不起自己，以至於孤僻內向。

❖ 自卑造就的沒自信

心理學家阿德勒認為，自卑是指：以一個人認為自己或自己的環境不如別人的自卑觀念為核心的潛意識欲望、情感所組成的一種複雜心理；其次，自卑是一個人由於不能

或不願進行奮鬥而形成的文飾作用。❸顯然，因自卑造成的不自信，既無法適應現代社會生活的需要，也會對事業成功帶來一定的阻力，還會使人在心理上缺乏安全感和歸屬感，形成退縮和孤獨的心理障礙，妨礙身心健康。

客觀來說，不自信的表現也是內向性格的一種外化形式，也是內向性格的構成要素之一。換句話說，他們對自己內向性格的否定，實質上是對自我的否定。因為，性格健康的人往往能夠體認到自己存在的價值，他們了解自我，有自知之明，樂於接受自己。而沒自信的人總是對自己各方面都不滿意，可能他們內心追求的夢想不符合自身情況，主觀和客觀的距離相差太遠，因此只能自怨自艾。

舉一個可能多數人都有所感的例子。我們或許都知道，在學業上沒有自信，是青少年時期自卑心理的主要成因之一。一旦考試成績不理想，排名下滑，就容易產生焦慮、自卑的心理，甚至會和同學、老師疏遠。假如之後成績追不上，就會越發孤僻、嫉妒、多疑，負面情緒不斷增加，做什麼都容易否定自己，各方面都容易失敗。總結來說，這樣的人長大以後可能會無法順利融入群體，會給人消極無能的印象，這其實就是沒自信

❸見《自卑與超越》，阿德勒著，李青霞譯，瀋陽出版社，二〇一二出版。

帶來的結果。

❖內向者為什麼會容易沒有自信？

一個人的性格，與家庭環境及他在社會中的種種遭遇，有很大的關係。在與他人的頻繁接觸中，不被人理解、經常遭受挫折與打擊，就極容易對他人產生不信任或敵視的心理。因為造成沒有自信的原因也是多方面的，對症下藥，才能更有效地改善這個問題。

●家庭問題

比方許多出身貧寒的父母，很希望自己的孩子將來成為一個有學養的人，所以對孩子的學業要求非常嚴厲，管教也相當古板。一旦孩子貪玩，他們就只會嚴厲地批評，甚至連孩子和朋友交往都要約束和過問。青少年時期的活動受到父母的嚴格約束，不能自由做自己想做的事，那麼長大以後面對很多挑戰，孩子就會因為自己從來沒做過，習慣性地認為自己肯定不行，不敢去嘗試，很怕做不好。

●閱歷不豐富

因為內向的人在當眾講話時，面對著那麼多雙眼睛和耳朵，會十分害怕出錯，還會質疑自己的實力不夠，覺得自己的說話水準不行。這種情況也屬於因沒有自信而否定自己。

有些人為了克服沒有自信，會透過種種方式去改變，去努力接近目標，那麼應該怎麼做呢？為此，你可以回想一些成功的經歷，用過去的驕傲支撐現在的行動，讓自己變得有自信。你也可以訂定一些短期小目標，比如說一次野外健行、堅持減肥、一年讀多少本書等，每當完成一件小事，就給自己一些獎勵，在小目標的成功激勵下，慢慢建立起自信心，然後就能毫無畏懼地去接受更大的挑戰。

從另一個角度來說，每個人都想要自信地應對所有事情，但這是不現實的。一個硬幣有兩面，**盲目自信不可取**。自信和不自信有時只在一念之間，關鍵在於有自知之明，心中要清楚哪些工作是自己可以勝任的，哪些事情是自己再怎麼努力也做不好。性格內向的人通常很尊重別人的意願，但同時必須意識到自己的意願也一樣很重要。**在意別人的評價，是因為有時自己無法正確地評價自己**，無法平衡現實與理想的差距。但是不能讓別人的評價去決定自己的前進方向，最重要的還是自己對自己的認識。

難道一定要去迎合別人的眼裡的「自己」嗎？背負長久的思想負擔，拖著疲憊不堪的心靈，毫不快樂地付出努力，只為了世俗的眼光，真的值得嗎？

每個人的經歷都是獨特的，因此這個世界才會這麼多變有趣。人們唯有親身經歷才會發現自身的不足，才能不斷地修正努力的方向，最終得到充實的人生。年輕人擁有大把的時間和機會，只要有勇氣，完全可以去嘗試、去犯錯，不是模仿別人，而是塑造自己。

4.5 逃避雖然可恥，但真的有用？

內向的人一般不善於主動與人交往，也不太會表達。而且他們心思敏感，情緒多變，對人際交往比較恐懼，很抗拒和外界接觸，遇事容易逃避。

逃避心理的行為表現也是多樣的：有的人喜歡安靜獨處，追求簡單的生活；有的人害怕繁瑣的事務，遇上工作任務能躲就躲；有的人雖然情緒容易波動，但卻不對外顯露，如果不能好好紓解，往往就會「內傷」。

❖ 逃避衝突，逃避社交

內向的人有時面對生活和工作中的小麻煩，會下意識地逃避。比如，鄰居老是把垃圾放門口不及時處理，而你遇到了就好心提醒，對方卻怒氣沖沖，認為你多事。如果你認為「惹不起，躲得起」，便就此放棄繼續溝通，那麼問題將永遠無法解決。你不想和對方爭吵，但你這次退縮了，下次就很難有勇氣再開口。而這種逃避行為讓問題被擱置，你面對著門口的垃圾，只會加倍困擾。

內向性格的人向來不喜歡衝突，但情緒積壓在心裡只會讓自己不愉快。這次事件引發的情緒，在下次某個相似的場景出現時，還會繼續影響你。為了避免煩惱，性格內向的人選擇逃避，但是煩惱卻會自己找上門來，讓人躲避不及。逃避只是暫時繞開眼前的麻煩，但這個麻煩會埋在心裡，成為**情緒上的「定時炸彈」**，一旦累積到一定程度，就會像決堤的洪水一樣爆發，最終讓人心理崩潰。所以，內向的人在面對衝突的時候，不要把逃避當成一勞永逸的解決方法。

我的朋友小馮在雜誌社擔任編輯，他平時走路總是低著頭，上班下班都走得很快，好像不希望別人和他打招呼，因為那樣會讓他無所適從。當別人主動找他聊天時，他會兩手冒汗，聲音顫抖，不敢看著別人的眼睛說話。身邊的朋友都以為他慢熱高冷，不好相處。

在生活中，很多性格內向的人多多少少都有這種特點。他們不敢和別人聊天，聊天時眼睛不敢看對方，不喜歡社交場合，喜歡一個人待在安靜的地方。如果長時間留在人多的公開場合，他們就會感到緊張焦慮，甚至額頭冒汗，只有當他們回到熟悉的地方、看到親朋好友時，才會有安全感。

❖調整習慣逃避的心態

內向的人多數不喜歡社交，他們有與人交往的能力，但會盡力躲避一些不喜歡的社交場合。和社交焦慮的情形不同，內向的人只是逃避某些特定場合。比如一個公司職員，某次在會議上解釋專案計畫書，一時緊張導致發揮失誤，而遭到同事們議論，遭到上級質疑，這種尷尬就會形成不好的記憶印刻在腦子中。之後每每公司開會，他都會感到焦慮不安，都忍不住想要逃離。

很多時候，內向的人也知道這種刻意逃避的方式不好，卻沒法改變。

若想改善喜歡逃避的心態，應該要踏實地去做出改變的行動。如果工作上、生活上需要面對和解決一些問題，別害怕讓人看見自己不完美的那一面，也不用故意掩飾自己的態度。和前面的一些情況類似，可以先從比較熟悉的事情做起。

●先在舒適圈中練習面對困難

如果不敢在公開場合當著許多人的面發言，其實可以先私下進行練習，並尋找關係親近的家人或朋友來幫助自己觀察和糾正問題。先在舒適圈中練習，等到技巧熟練了，再嘗試突破安全區，漸漸熟悉如何在更大的陌生場合發言。不用太在意別人怎麼看、怎麼想，只要事先做好準備，就可以義無反顧地邁開步伐；也不用事事苛求完美，要明白人無完人，只要認真對待工作，盡力完善方案，在自己的能力範圍內，將事情做到不留瑕疵，自會迎來成功之神的眷顧。所以，有些困難是不需要刻意迴避的，只要做好周密的準備和靈活變通的計畫，別人就無可指摘。

●吸取批評中的有益觀點

面對別人對自己提出的批評，其實可以換一個角度看，既然願意當面提出看法和意見，就代表人家願意跟你建立關係、願意接納你，這可能是對方希望你進步的積極建議，並不是意味著你不優秀。對於某些批評或者爭論，你可以從中吸取有用的觀點和思路，不要總把這當成刻意的針對。

凡事都有兩面性，一味逃避並不是最好的辦法。如果在生活、工作中只想著避免麻煩，生怕落下失敗的陰影，生怕別人對自己產生各種負面的印象，那麼實際上自己還是會困在各種難以平復的焦慮不安中。事實上，除非遠離人煙，不在社會中生存，否則任何人都不可能完全逃避人際交往，因為現實社會中，從生活中的柴米油鹽、家長里短，到工作中的各種繁瑣事務，誰也不能避開與人打交道。

內向性格的人不應該把生活和工作中必要的交際看成某種強迫，雖然性格內向的人渴望過自我滿足、舒適安靜的生活，但就像哲學上說的，**世上只有相對的自由，而沒有絕對的自由**。內向也是相對而言，如果不注重心理和情緒的自我調節，就容易產生嚴重的社交焦慮症，造成生活和工作的負擔。偶爾的累、焦慮、有壓力、不自由是正常的，畢竟誰都不能永遠躲在自己的心理舒適圈中。所以，應該適時地調整和處理好心態，不應該把逃避當成唯一的方式。

4.6 矛盾、抑鬱都是種酷刑

人們對自己的處事方式感到矛盾，是很正常的。但是，性格內向的人對自我表現的矛盾心理卻異常敏感，常為此感到焦慮不安。

❖ 難以排解矛盾的情緒

自我的矛盾心理是一種情緒化的表現。人腦的邊緣系統會引發情緒，但認知處理、理智決定是在大腦皮層發生的，情緒化往往是下意識的一陣反應，過一會兒就能恢復理智，認識到自己剛剛並沒有必要去生氣。儘管這種表現幾乎人人都會遇到，但由於內向性格的人心思敏感，事後會更容易為這種不理智的行為感到自責。而內向者情感不愛外露，所以這種矛盾心理難以排解，會在他們心裡積聚成更大的鬱悶。

比較內向沉默的人，通常在公司聚餐或同學聚會等場合寡言少語。有的人並不是因為懼怕發言，只是出於長久的習慣，不知如何開口；有的人是覺得自己不太會找共同話題，即使說了也不會有多少人理解和回應；有的人鼓起勇氣開口後，發覺大家都不感興趣，便很快覺得後悔，下次只會選擇默默聆聽。

所以，即使同是性格內向的人，也會因為不同的原因而產生矛盾心理。有些人看起來不喜歡說話、害羞拘謹，但他們可能並不是表面看起來的樣子。事實上，內向的人之所以表現得安靜沉默和不善言辭，很大程度是因為沒有遇到知音。

內向的人也會有傾訴的欲望，他們一旦開口，就會把內心最真誠的情感表達出來，而不是膚淺表面的閒聊。假如把心裡話講出來後，卻得到朋友敷衍的回應態度，那麼自己會很容易後悔吐露心聲。有時對父母傾訴學業或工作中遇到的煩惱，他們也許不以為意，甚至還覺得是你想太多，這時候自己也會產生「早知道就不說」的矛盾心情。這種交流的不順暢，往往會讓內向者做出否定自己的行為，自我否定也是自我矛盾的一種表現，而且會讓內向的人變得越來越沉默，不再願意和周圍的人多說話。

內向者的心理小劇場

自己剛產生念頭：「我應該外出多走動，多交朋友。」

很快潛意識就會冒出不樂意的想法：「好麻煩，算了，不想去。」

糾結一陣子又覺得：「你應該出去接觸別人，這樣做對自己有好處。」

潛意識接著又反對：「不想給自己找麻煩，太痛苦，不想去。」

這種矛盾的心理在內向的人群中非常普遍，除非找到正確的方法去改善，否則很容易滑向比較極端的境地，釀成悲劇。

日本著名文學家川端康成❹一生留下非常多的傑出作品，文筆細膩敏感，深刻反映了人世間的冷暖，塑造了一系列美麗而悲哀的故事。這種極端矛盾的情感涵容了日本的美學觀和世界觀，也展現了他豐富的內心世界。他描繪少女的美麗和感情體現了積極的一面，像《伊豆的舞孃》、《雪國》、《古都》、《千羽鶴》、《身為女人》等，無不令人驚歎作家對美的細緻觀察力，這是一個內向性格的人在文學天賦上的典型特徵。但另一方面，川端康成卻帶著深深的憂鬱，人生的種種遺憾和命運的殘缺不幸，走上了絕路。

●自卑與高敏感

一個很內向的人，在積極的時候可能並不會認為自己有多內向，他會主動敞開內心，也願意談笑風生；不過一旦遇到變故，他的心理就會變化，變得和之前完全相反。內向的人注重自我和內在精神世界，本來就不喜歡與人打交道，也不願輕易向別人吐露心事，認為沒有人了解自己。可如果這時有一個人真心地關懷他，耐心地開導他，一旦獲得他的認可，那就會被他當成無比珍視的朋友。可以說是反反覆覆，不斷在呈現矛盾。性格內向的人該如何面對自己的自我矛盾呢？

可以說，這種情緒化表現有些是源自內向的人心底隱藏著的自卑感，但這不是絕對的，也有的人並非是出於自卑。例如川端康成這種拿下國際文學大獎的天之驕子，也同樣無法排解情緒，最後走向了悲劇的結局。因為他們的心思比較敏感，容易受到旁人難

❹川端康成，日本現代文學巨匠，二十世紀新感覺派代表作家。一九六八年以《雪國》、《古都》、《千羽鶴》三部代表作獲得諾貝爾文學獎。

以覺察的細節的刺激或傷害，而且特別注重內在精神世界，對外在環境缺乏信任，不願意吐露心聲，所以心中鬱結的情緒就會越積越多。事實上，川端康成也有比較知心的朋友，像他對三島由紀夫❺這樣優秀的後輩作家就非常器重和欣賞，然而三島也是性格內向的人。

這類內向的人往往是理想主義者，思想感情比較有深度，這種人對生命的痛苦和幸福有更深刻的體會。他們不一定是害怕交際，只是懶得迎合社會規則，相比之下，他們注重自我和內在精神世界多於外在環境，所以在接觸外界時往往會呈現出很矛盾的姿態。

許多時候，想讓自己變得外向、害怕卻渴望與眾人交流的人，其實是「假外向」。內向的人有時會覺得，也許在這個注重人際關係的社會裡自己註定要吃虧，但內心又不想改變自己的處事方式；然而，有原則的人並沒有錯。

之所以會出現矛盾心理，其實很多時候是因為人們**過於勉強自己**，**對自己的否定和懷疑過多**，造成身心壓力；當精力在不知不覺中消耗完了，抑鬱就會顯露而出，把人們搞得身心崩潰。總的來說，有幾點需要注意。

●沒必要否定正常的接觸

我們每個人都不可能完全拒絕和外界接觸，也沒有必要為一時的鬱悶或苦惱，否定正常的接觸。

●適時說「不」

如果性格內向的人在一些工作事務或生活壓力上確實難以負荷，可以適當迴避並說「不」，千萬別因旁人的眼光而感到害羞和不好意思。這是調節情緒和精神的方式，就像俗話說的「退一步海闊天空」。

●不壓抑情緒

應該控制好自己反覆的情緒，有的人在外為了面子，強行壓抑，回到家裡卻對家人釋放情緒，這是一種負面的處理方式。

❺三島由紀夫原名平岡公威，出生於日本東京，畢業於東京帝國大學（今東京大學）。一九四六年，經川端康成推薦在《人間》雜誌上發表小說《煙草》登上文壇。主要作品有《金閣寺》、《鹿鳴館》、《豐饒之海》等。

4.7 適應新環境是個大挑戰

海德格心中理想的生活是「詩意的棲居」。人這一生從小到大，會經歷很多，從家庭到社會，從故鄉到他鄉，甚至從東方跨越到西方，生活的環境截然不同，就不得不轉變角色，與外界建立關係。

但是，內向的人要適應新環境往往很困難，可說是艱鉅的挑戰。

❖ 教育環境的改變造就了天才愛因斯坦

美國作家鄧尼斯．布萊恩❻寫的《愛因斯坦全傳》中，談到十九世紀後期德國的學校教育對愛因斯坦來說是何等的艱難。「他很安靜且孤僻——是個旁觀者。」因為他無法透過死記硬背的方式來學習，又常常表現出怪異的行為，竟然被老師認定是「智力遲鈍」。他從來不會像其他同學一樣，能夠給問題一個敏捷漂亮的回答，而總是猶猶豫豫、吞吞吐吐。事實上，如果他仍然待在德國的學校，他可能永遠也不會成為顯赫的物理學家。

幸運的是，他後來跟著家人移居到了義大利。愛因斯坦的妹妹瑪婭對他在僅僅六個月內就出現的巨大變化，感到震驚：「神經質、退縮的夢想家變成了可愛友善、具有幽默感、好交際的年輕人。是因為義大利的空氣、熱心的人們，還是他從苦難中脫逃了？」她覺得有點不可思議。

愛因斯坦後來在瑞士上中學時，最初非常擔心那裡會有像德國一樣令人窒息的環境。但是，「阿爾伯特（愛因斯坦的名字）非常喜歡那裡寬鬆的環境。在那裡，老師與學生自由討論有爭議的話題，甚至是政治方面的話題——這在德國的中學是難以想像的——並鼓勵他們自己設計並操作自己的化學實驗，也很少有事故發生。」愛因斯坦在生命後期說道：「不是我是如何的聰明，而是我思考問題的時間更多一些而已。」❼

愛因斯坦是內向性格非常典型的著名人物。性格內向的人會對許多生活中的細節變化敏感而多慮，環境是影響生活、學業、工作等問題的重大因素。對一些內向到表現出

❻ 鄧尼斯．布萊恩，美國著名傳記作家，著有《愛因斯坦傳》、《天才談話錄：和諾貝爾科技獎得主及其他著名人士的談話》、《知情者心目中的海明威》等作品。

❼ 見《愛因斯坦全傳》，鄧尼斯．布萊恩著，高等教育出版社，二〇〇八年出版。

社交焦慮的人來說，即使是環境細微的改變，也會使他們感到恐懼。他們對環境方面的緊張，表現出明顯的心理問題。

❖適應困難的心理因素

●自卑

某些人性格內向源於內心自卑，他們認為自己缺乏勇氣嘗試新事物，對自己的評價偏低，所以害怕變化，害怕接觸新事物。他們習慣待在自己的舒適圈，變換一個新環境，或者把自己暴露在陌生大眾的視野裡，會讓他們無法接受，他們害怕別人審視的目光，害怕他們發現自己的種種不足。與其說內向的人害怕嘗試新環境，害怕與別人交流接觸，不如說他們是害怕遇到陌生人對自己品頭論足。

●需要適應期與情感支持

一些內向的人在某些場合會有緊張不安的感覺，需要較長的適應週期才能緩解。但類似緊張的經歷刻印在他們的內心，即使換到其他的場合，他們也會感到緊張，自然而然就希望逃避。但是，當他們適應了這種場合，還是能夠愉快正常地和他人聊天的。這類人只是需要一段適應緊張不安的時間，雖然偶爾會想要逃避，但並不是真的無法跨出舒適圈。

性格內向的人對於已習慣的狀態不願輕易改變，其敏感的內心在很多時候也很難被他人理解，反而會被認為是膽小多慮，這說法其實過於片面。如果環境的改變對於他們是有益的，就像小時候的愛因斯坦，他們就會發揮自己的天賦，舒展自由地成長。除了自身的努力，穩定的情感支持對於穩定他們的心態、幫助他們適應變化，尤為重要。往往家人或朋友一句鼓勵的話、一個肯定的眼神就能讓他們信心倍增。儘管有時候適應週期並非一時半刻，但只要對於未來成長有幫助，就不可操之過急，用極端的方法逼迫自己與外界接觸。

●耗費精力成常態

性格內向的人在潛意識裡就會對周圍環境產生一定的危機感和不安全感。為了適應生存，他們必須使用很多內心的能量、耗費很大精力來應對環境的變化，小心謹慎地處理危機。久而久之，這種應對模式便成了一種常態，即使是生活和工作上有一丁點兒風吹草動，也往往會成為他們的心理負擔。

❖增強適應力的方法

從小到大，即使是往好的方向變動，例如升職、調換職位，在與新環境相處的時候，不安的感覺也會被啟動，令性格內向的人倍感壓力。那麼該如何增強對環境的適應力呢？

●尋求支持

假如是積極的變化，就先得到關係密切的人的支援，這樣會給內向的人較大的心理安慰。鼓勵自己多和別人打交道，剛開始可以多和有眼緣的人交流，獲得陌生人的好感和認同。

●避免自我設限

到了新環境裡，有意識地按照自己的習慣去應付問題，不用為旁人設想太多。比如搬到一個新居所，開始可能會緊張不安，害怕左鄰右舍的目光，但是倘若緊張到不敢一個人出門買東西就有點鬧笑話了。有時候並不是別人會把你怎樣，而是你自己給自己設了太多障礙。

● 多多運動

平時多從事戶外運動，盡量保持身心健康。即使不刻意改變性格，只要身體健康，心理狀態也會慢慢變好。戶外運動多了，有了較好的耐受力，適應周圍環境的意志力也會相對增強，對於在其他社會關係上增強自信，也同樣會有很好的幫助。

● 嘗試改變自己的形象

這也不涉及刻意做性格上的調整，只是適當地從穿衣打扮、從自己的髮型改造等細節入手，而待人接物方面也應該適當注意。從一些平時不大留心的細節來慢慢調整，和別人說話時直視對方的眼睛，長期下去，在人際關係方面的適應力也會逐漸增強。

所以，不論是自然環境還是其他方面的改變，內向的人主要擔憂的還是周圍人際關係的變化，從一些日常細節入手，將有助於各種問題的改善。

4.8 參加群體活動？能躲就躲

性格內向的人往往喜歡獨處，這未必是由於對外在人際關係的壓力，只是他們單純的不願意。

內向的人在學習和工作上都仰賴個人的努力，在生活中，往往只有一個人的時候才能真正投入到自我提升的訓練中。他們排斥群體、團隊的交流方式，而團體中的其他成員，也往往會認為這種內向的人缺乏適應環境的能力。有許多性格內向的人，都或多或少為這種誤解苦惱過。

❖拒絕融入是脾氣古怪，還是沒有找到自我？

內向的人有時候顯得脾氣古怪，之所以不願意融入團體、進行交流，是因為他們總是擔心自己會因為說錯話而得罪人。同時他們的防衛心也很強，害怕別人傷害自己、拒絕自己，所以寧願一個人顯得特立獨行，也不願意為了別人的態度而故作瀟灑大方。

平時不愛與人多接觸，不論何時何地都喜歡獨處的內向者，往往會被視為有社交恐懼症。突破社交恐懼症，需要以自己為鏡子。有個關於貓的寓言故事，很形象地說明了獨處和與旁人交流的關係。

❖ 拿別人當鏡子，容易迷失自我

有兩隻貓原本一起在屋頂上玩耍，玩著玩著一不小心，一隻貓抱著另一隻貓掉到了煙囪裡。兩隻貓一起往上爬，從煙囪裡爬出來時，一隻貓的臉上沾滿了煙灰，而另一隻貓的臉上卻乾乾淨淨。乾淨的貓看見滿臉黑灰的貓很髒很醜，以為自己的臉也一樣，便快步跑到小河邊洗了臉。而那隻黑臉貓看見乾淨的貓，也以為自己的臉像對方一樣是乾乾淨淨的，然後就毫不知情地回到了家裡。家裡的貓見了牠，還以為是陌生貓闖了進來，便一起將黑臉貓趕了出去。

這個故事告訴我們，別人固然可以作為我們審視自己的鏡子，能夠幫助我們改善不足，更好地適應社會，取得更高的成就；但很多時候，我們最應該觀照的人恰恰是我們自己。拿別人當自己的鏡子，很容易迷失自我，就像寓言中的貓一樣鬧出笑話。

❖不需要刻意假裝外向

●陷入巴納姆效應的迷思

「巴納姆效應」(Barnum effect)是美國心理學家伯特倫・福勒(Bertram Forer)透過實驗證明的心理學現象，他認為每個人都很容易相信一個籠統、一般性的人格描述，即使這種描述十分空洞，仍然會被人認為能夠反映自己的人格面貌。

內向者常常陷入巴納姆效應，他們因為別人的評價喪失自己的判斷，只看到融入群體的好處，而忽視了保有自己的個性。一旦接受別人的觀點，認為自己的確充滿諸多缺點，諸如敏感多疑、意志消沉、沉默無趣、不善言辭等，就只能被這些負面標籤壓得動彈不得。

●在鐘擺效應中失去自我

在極端的情況下，他們在生活中基本上不認同自己，只相信必須透過改變性格、提高與他人交往的能力，才能重新投入社會，進而擁有良好的人際關係。事實上，這又陷入了「鐘擺效應」，❽不過是從一個極端走向另一個極端，不但不能如願以償，反而會讓自己手足無措、喪失自我，最終產生更加嚴重的心理問題。

市面上的成功學、人際交往書籍大行其道，真正內向的人不論看過多少理論書籍、學了多少交往技巧，都只會發現這些理論「知易行難」，效果並不明顯。因為，這種寄望於完全改變自我性格的做法，從出發點就是錯誤的，要性格內向的人完全融入群體生活，甚至變得外向，雖然初衷是美好的，但結局必然是很難堪的。因為性格並沒有優劣之分，每個人都有自己的特點。尤其是內向者，過於敏感焦慮不利於學習或工作，需要正面地面對一些問題，但是並不需要刻意改變自己的性格來變得外向。

❖ 認清自我，重歸初心

聯合國前祕書長安南從事的外交事務看似非常需要外向的性格，但從性格而言，他並不是那種很外向的人，然而誰也不會懷疑他的綜合性社交能力。可見，內向性格並沒

❽ 鐘擺效應（Pendulum Effect），當一個人在某種情緒上降低了反應的強度時，他在其他情緒的感受上也會相應減弱。也就是說，當人們刻意麻痹自己對負面情緒感受的時候，也會感受不到正面情緒。

有妨礙安南成為傑出的公眾人物，而且，他深沉的氣度、高雅的談吐、敏銳的思想、一針見血的精闢論斷，都為他增添了無與倫比的魅力。

如果你總是希望旁若無人地生活在自己的世界裡，完全不和外界交流，每天沉浸在網路世界，社交領域只局限於虛擬時空，就會逐漸失去前進的力量，對現實生活越加缺乏信心。逃避與群體的接觸，也不願意和別人爭長較短，就算是買東西，都盡可能去網購。這樣孤立的生活狀態，是現代社會中很多人的困局。

一個性格內向的人，在身處群體之中時，遇到任何困境和委屈，寧願忍著，也不願意和別人主動溝通。內向者會盡力做好自己的事務，但對於集體事務，卻誠惶誠恐、害怕承擔。因為在他看來，與其忍受別人的臉色，處理各種人際關係，還不如躲在「一人世界」裡更安全些。

如果這類內向的人去參加聚會或者公開活動，會害怕自己成為中心，或者眾人關注的焦點。他們會迴避觥籌交錯的熱鬧場面，因為和陌生人的禮貌性寒暄會讓他們感到很不適應，渾身不自在。

❖融入群體的方法

內向的人對群體活動的認知，與大多數人對他們的期待相反，雖然內向的人不像外向的人那麼喜歡社交，或善於跟團隊合作，但性格內向並不一定就是孤僻、不會合作的。其實可以從兩方面嘗試調整，融入一些群體活動。

●先嘗試小範圍合作

團體有大有小，內向的人主要是對人多比較抗拒，但不一定完全不能與人合作。所以，工作上可以先從小範圍合作開始，三五個人也是一個團隊，先與少數人建立交流合作，一樣可以發揮所長，增強與群體溝通交流的能力。

●適時主動

在與人接觸的過程中，適時主動。交流合作需要互動，尤其是工作，如果自己需要別人的說明和配合，就把自己的意願清晰地表達出來，相信很容易就能找到和你志同道合的人。

4.9 牴觸變通，心中有道分明的界線

著名人本主義心理學家卡爾．羅傑斯❾說：「好的人生是一個過程，而不是一個狀態；是一個方向，而不是終點。」這句話非常清楚地說明了人生是充滿發展和變化的。中國的「生老病死」，就是一種質樸的形容，每一個人的生命中都經歷著類似的種種變化，需要我們不斷去調整適應。

❖ 人生無法拒絕變化

在現實中，內向的人希望生活安定而簡單，對於一些需要面對的狀態變化，往往很抗拒和排斥。內向者有時候並不是不希望做一些調整和改變，但是他們需要更多的鼓勵和更大的耐心，才能慢慢從死水般的生活裡走出來。做出行動之前，他們會進行很久的心理建設，只有真正把各方利弊權衡清楚，內向的人才能跨出這一步。

一些性格比較內向的大學生，在快畢業的時候，會義無反顧地選擇考研究所這條

路。儘管擁有更高的學歷確實能夠幫助他們在未來取得更好的成就；但也不排除有些人是因為抗拒進入職場，想要逃避社會歷練，才做出考研究所的決定。

內向的人對下定決心的事情比較堅持，因為從性格上來看，他們就不太容易改變觀念，所以常被認為不善於「變通」。俗話常說：「堅持就是勝利。」也許有的人堅持到最後得到了勝利，但人生並不是事事都能如願，做事量力而為也並不是退縮和缺乏勇氣。

在一些重要時刻懂得變通，避免把自己逼到死胡同。比如考研究所這件事，如果順利當然很好，假如一兩次考試都失敗了，那就要想想是不是非要這個學歷不可，可不可以先找到工作，努力打拚奮鬥，同時繼續學習，說不定也能取得成功。俗話也說：「條條大路通羅馬。」衡量人生價值的並不是只有考研究所取得高學歷文憑一個指標。

股市有個經典比喻：「不要把雞蛋放在同一個籃子裡。」講的就是分散投資，是要告訴人們避免一條路走到黑，不要太固執、要懂得變通。如果義無反顧選擇一條路，不給自己留後路，那麼很可能竹籃打水一場空，甚至把本也賠光。

❾ 卡爾·羅傑斯（Carl Ranson Rogers），美國心理學家，人本主義心理學主要代表人物之一，主張「以當事人為中心」的心理治療法。一九五六年獲美國心理學會頒發的傑出科學貢獻獎。

換句話說，一個內向的人不論生活還是工作，只要身邊的環境讓他覺得安全可靠，那麼不論是與人交流還是合作，都會表現得自然得體，甚至很外向的樣子，其實這就算是一種變通；如果環境的改變讓這個內向者的內心覺得很不安全、很難適應的，那麼他就會緊張不安，感到困惑。顯然，他的安全感與真實的環境無關，只與內心的**信念**有關，只有讓內向的人內心平靜，才能讓他們放下執著，做出變通。

❖ 轉變只在一念之間

內向性格和生理因素造成的心理狀況有關，而且一旦經過長期的適應，養成了習慣，即使後天再怎麼努力，也很難使這種性格發生改變。在面對一些劣勢習慣的時候，很多人將這當成天生的特質，因而不願意選擇變通，或者努力改變過一次卻遇到失敗，就此放棄繼續嘗試。

那麼，是不是選擇變通的時候都會這樣艱難呢？

原本堅持自我，或者執著夢想都是正面的積極因素，懂得變通或靈活取巧有時候反而帶著負面的傾向。人活一世，都希望在生活和工作中有所作為，性格內向也能夠成功，首先要有所追求，其次才能實現個人的價值。性格內向，但並不意味著停滯不前，內心只要擁有夢想支持的原動力，也一樣可以朝著目標前進。

通往終點的道路磕磕絆絆，並不會一帆風順，但只要方向正確，總有一天會實現夢想和目標。就像《西遊記》中的「西天取經」一樣，歷經九九八十一難，這是一個歷練意志的過程，唐僧雖然最為脆弱、最為內向，卻也是最為堅定的一個。如果不是唐僧的堅定信念，那麼取經隊伍可能中途就會因為各種分歧而一拍兩散。但是一次次救唐僧於危難之中的，的確是徒弟們的巧施妙計。

要堅守內心不願失去的東西，同時也要在適當的時候調整變通，如此才能取得意想不到的效果。那麼，內向的人要如何順利地轉過這個彎呢？

●思想上的變通

其實古今中外的辯證思想無處不在，什麼時候我們應該爭，什麼時候我們應該讓，都有特定的規律可循，有許多歷史可以提供借鑑。但是具體的問題要具體分析，在遇到問題時多思考、多詢問，與身邊信任的親友做深度討論，都是適合內向者變通思路的方法。

●多一個備選方案

內向的人習慣考慮周全，需要安全感，不計後果的賭徒行為一般不會是內向者做的事。在嘗試做出調整和變通時，如何改變，往往不只有一個選擇，你大可以多準備幾種方案，一個不行就嘗試另一個，讓自己的部署更周密。

不管你是否覺察到，也不管你願意還是不願意，每個人時時刻刻都在尋求變通。善於變通的人會越變越好，不善於變通的人往往會越變越差。我們只要掌握變通之道，以此應對人生的各種變化，在變化中尋找機會，也在變化中獲取成功。

4.10 腦袋容易「想太多」

性格內向的人在社交方面可能會有種種不利，但在內心思維方面，他們似乎要活躍得多。這是個與眾不同之處，雖然算不上缺點，但有時候會讓人覺得很累，這就是俗話說的「想太多」。

性格內向的人非常珍視自己的理想和目標，也很看重生活中為數不多的幾個朋友。為了內心堅持和看重的想法，他們經常動腦筋思考，朝著既定的目標和方向前進。有些人認為想太多，會讓人脫離現實，沉浸在白日夢中。當然，事情都有兩面。在認真專注的事業上，的確需要這樣的認真與用功。例如發明燈泡的愛迪生，都是這一類「想太多」的內向者。顯然，他們的想法都曾被視作「白日夢」，但實際上他們清楚自己的觀點並非不切實際。

❖ 內向大腦處理資訊的能力高於外向大腦

人們都知道，大腦的不同區域控制著不同的活動。德國心理學家漢斯・艾森克[10]研究了一個內向的大腦，發現內向者具有程度非常高的皮層喚醒，他們每秒處理資訊的能力遠高於外向者的平均程度。性格內向的人喜歡思考，這是一個顯著的優勢。同時，這也意味著內向的人對環境非常敏感。他們害怕受到過度的刺激，例如有大量噪音的環境，這會讓他們覺得非常緊張不安，使他們的腦部活動活躍度降低。他們很可能會從大腦的皮質活動中感受到壓力和疲憊，而感到很不舒服。

客觀來說，這個世界大多數的內向者不可能成為科學家、藝術家、文學家，大多數人的思考確實是想太多，這主要源於他們敏感、焦慮的情緒，以及對身邊的人和事缺乏安全感等。比起參加喧囂的聚會，他們更傾向安靜的閱讀；他們致力於創造卻不願自我推銷；他們寧願一個人獨立工作，也不喜歡參與集體的腦力激盪。

❖ 想太多的煩惱：把簡單的事情複雜化

內向的人會把簡單的事情複雜化。他們喜歡做大量的思考，比如在尋常的工作用餐場合，同事們閒談著最近的網路熱點或者影視節目。這時候，很多評價都是大家隨口說說，並沒有經過深思熟慮。如果一個內向的同事過分認真地分析這一類話題，深入剖析一個短視頻，或者長篇大論地分析一部電視劇，當時可能會得到同事的贊許和好評，但次數一多就會顯得小題大做。雖然他確實長時間關注網路傳媒或者影視行業，對一些情況有精明獨到的見解，但同事可能會覺得：他這麼認真幹嘛？這種娛樂助興的事情有必要說得那麼複雜嗎？很多內向的人事事都要花費時間和精力去深入剖析，容易被認為無聊呆板。

● 過度認真

內向的人遇到事情，喜歡考慮多種情況的應對方式。他們做事過於認真，遇到一些

❿ 編註：漢斯・艾森克（Hans Jürgen Eysenck），英國心理學家，以人格理論和行為療法而聞名。

事情往往想得太多，會大量借助過去、現在和未來的經驗。他們會把遇過的情況與新的事實聯繫起來。哪怕是買東西，他們也喜歡在頭腦中反覆權衡利弊。有些考慮是必須的，比如每個月該怎麼還款、生活怎樣安排才能水到渠成，一般來說只要在承受範圍內，大家就不會太斤斤計較。而內向的人卻喜歡考量多種情況，甚至要把每種情況的後果都弄清楚。

這些喜歡顛來倒去的思考者，容易被親友拿來開玩笑。因為大多數內向者不一定是令人敬仰的成功人士，但卻喜歡在一些事情上左思右想、反覆盤算，而且大部分是別人眼中無所謂的小事。有時候，他們被認為不乾脆，不痛快，就算是親近的人，也會覺得他們的舉動不討喜。這種想太多的情況給大多數平凡的內向者製造了不少的尷尬，並且加深了他們在社交場合的焦慮和不安。

❖ 發揮內向者優勢的方法

在人際交往中，他們是耐心和積極的聽眾，在其他人需要理解和幫助時，能夠提供極大的支持和力量。然而很多時候這些長處並沒有機會表現出來。那麼，內向者該如何發揮這些優勢呢？

●看場合發言

在其他人說話時多觀察，考慮好需要不需要自己發表看法，要明白察言觀色並不是不好的事情。內向的人心思細膩，善於觀察，比較容易感知人們的情緒。也正因此，他們才會對別人的看法顯得特別認真。如果大家只是進行娛樂式的閒談，那麼點頭或搖頭也可以作為一種回應。如果同事說一部電影很好看，你看過了覺得很糟糕，說出來也沒什麼。一般沒有人會對這種評價認真，也不至於激動地要與你展開辯論。

●付諸行動，將想法落實

現實生活裡，內向的人容易被雜事擾亂，受一些外來影響干擾分神。但是，如果希望透過思考解決這些問題，那麼行動上就會猶疑不決、毫無進展，所以不要總是沉迷於思考，最後還是應該把想法落實，用行動去排除萬難。面對自己需要完成的任務，或者答應要幫忙家人和朋友的事情，不應該把行動停留在滿口承諾上，不應該空有一腔熱血和想法，而不實際著手工作。

●有信心發揮長處

內向的人一般沒有自信。本質上這是一種潛在的心態。內向的人因為想太多，常常在做事情的時候，因為見效不夠快而狀態疲軟。如果多一些堅持，再多一分信心，可能成功的曙光比想像的來得更快。

也就是說，如果你是個充滿自信的人，便有動力克服困難，有勇氣處理問題，有機會獲得成功，那麼，身上的一切能力都會被你的信心激發出來，你就有可能成為自己希望成為的那種人。

4.11 過於注重細節

由於性格內向的人心思細膩，注重細節，在很多事情上都希望做得更好，處理得更加完美，因此他們更適合從事藝術類工作。事實上，大部分內向的人並沒有走上這樣的人生道路，所以他們並沒有把自己放在合適的位置上、發揮自己的特點，往往也會為他們帶來困擾。

❖ 內向者的專注能力

內向的人有許多基本共性。《內向者無敵》中總結道：善於思考，對問題體驗深刻、鑽研深入；能高度集中注意力；富於創造性，富於想像；認真負責，承諾要做的事情就會去做；善於觀察，對刺激的反應比較靈敏；善於傾聽等等。這些特點促使內向的人在與人交際、處理事務的時候更加看重細節，關注的方向會比外向的人具體而精微，有的

時候自然是長處，有的時候又容易成為短處。⓫

在一般印象裡，性格外向的人憑藉社交能力突出，可能顯得興趣廣泛。他們什麼都會，雖然不一定多麼精通。如李嘉誠的事業遍及各行各業，港口貨運、酒店、保險、電力、地產、基建、零售、石油等，可謂包羅萬象。內向的人往往相反，以專注細節為擅長，喜歡在某一個點上深入挖掘。如愛因斯坦擅長物理、比爾·蓋茲專注於軟體、梵谷擅長繪畫……性格內向的人往往以此獲得成功。他們在專注的領域能夠充分發揮長處，因此取得驚人的成就。

❖ 注重細節有時反而變缺點

內向者專注的點不一而足、各不相同，小到家中的陳設擺放、清潔衛生，大到工作中的一個決策。這些注重細節的人不一定都是各行各業的成功人士，因此，他們的表現也不一定都能得到別人的認同和贊許，有時候會造成一些尷尬和不利。

好比生活中的家用陳設，太過注重細節，就不是優點。如在搬家的時候對如何擺放家具思前想後，拖拖拉拉，導致很多東西堆在屋裡，讓家人十分疲勞，非常折騰人。再如工作上的事情，有些重大專案有著非常嚴苛的進度表，不論作為專案的負責人還是具體的執行者，都必須按照時間節點推進工作。如果因為你單方面追求細節完美，拖慢進度，顯然對專案整體是很不利的，而這也就不再是優點。

內向的人勤於思考，應該很清楚注重細節對生活和工作的利弊。他們如果希望改善處理事情的方法，需要進行許多心理建設，透過各種管道謹慎地挑戰自己的性格，一步步地嘗試。這可能是一個緩慢痛苦的過程，有時候，自己一個人並不能很快適應，需要找一些人說明。

內向者若想要尋求轉變，需要得到有力的支援。他們內心很渴望有人能夠理解他們的想法，也同樣希望別人能給他們一些建議。在知心的朋友面前，內向的人會比較輕鬆地展開交流，敞開心扉。對某一話題的深入交流能夠激發他們打開思路，讓他們豁然開朗，幫問題找到理想的解決方案，做出有利的決定。因此，促使他們發生改變的，實際上也是一些思想碰撞的細節啟發，只不過有時候靈光一現的想法會很模糊，他們需要時間釐清思路，消化吸收。其實，大多數內向的人很喜歡學習，他們很喜歡替內心「充電」。

⓫ 見《內向者無敵》，胡鄢著，機械工業出版社，二〇一〇年出版。

如果內向的人意識到自己過於注重細節，在某些時候會成為處事不當的「隱患」，也不要過於沮喪。相反，可以把發現問題看成是改善自我的契機。有意識地去鍛鍊自己的自信，改善思考的方式，就會越來越能適應自己的生活和工作，處理事情的能力也會提升。

換一個角度看，不管人的性格如何，思維類型基本上分為兩種：一是直線型，不會拐彎抹角，想法直來直往；二是複製型，常以過去的經驗作為參考，不容易接受新鮮事物。其實，生活是我們最好的老師。只要我們熱愛生活，積極投入，善於學習，善於調整自己的思維習慣，善於改變自己的觀念，我們就能走出困境，進入新的天地。

處理問題的方式沒有好壞優劣之分，關鍵在於有沒有效果。那麼內向者該如何好好地把握住這一點呢？

●權衡情勢再出手

最好是因事而異，區別對待。比如生活上和工作上的問題，要區分主次，從全局上去衡量把握，看看處理方式是否有必要仔細具體？在我們實際處理事務時，細節的把握有時是必要的，但有時卻是妨礙。俗話說凡事都有兩面性，性格問題往往是一把雙刃劍。

在一些情況下或某些場合中，注重細節是好的，比如大家發揮想像力構思一個策畫，設計一種東西，為了精益求精，需要思慮周全。而在另一種情況下或其他場合中就可能會不利，如前面提到的追趕專案進度的時候，條件允許我們是應該做到最好，但顧全大局才是第一位。

要性格內向的人完全輕鬆適應，自由把握事態變化，做出靈活的應對，顯然是不容易的。有人在生活方面的轉變更容易一些，而有人可能在工作方面更靈活一些，這不存在優劣之分，只是側重面不同而已。

注重細節，嚴格來說並不是缺點。真正的問題是，當這一性格特質成為「問題」時，我們可能不容易迅速察覺。那麼，就需要仔細考量自己所處的環境和場合，判斷你的做法是否適當，不會對他人或群體構成妨礙。

因此，對一個性格內向的人來說，要發揮細膩敏感的特質，必須時刻留心周圍的環境，不論待人接物還是工作交際，具體做事的時候應不應該過於留心細節，要有一個大致判斷。

第五章 認識並培養內向者的超能力

5.1 謹慎、謹慎、謹慎，重要的特質說三遍

❖慢熱、不輕信，不見得不好

人們常常覺得，內向的人不太熱衷對外交往，對環境的適應也非常慢，這代表內向者做任何事情都比較謹慎。在一般印象中，內向的人不喜歡熱鬧的地方，會刻意避免參加人多的集體活動，在做出選擇時也會瞻前顧後。人們總會誤會內向的人，覺得他們「想太多」、做事謹慎，但這未嘗不是他們性格中的優點。

不可否認，任何事物都有兩面性，凡事有利必有弊。內向的人大多表現出**慢熱**、**不輕信**等謹慎的特點。每一件事情、每一個決定、每一條資訊都要仔細考慮，只有經過謹慎的判斷和衡量，他們才可能做出最有利於自己的決定。

❖ 內向者的分析本能：先弊後利

內向的人會本能地**先弊後利**地分析資訊，而外向者則相反。當然，人們在現實生活中遇到的情況千差萬別，不同的外在環境會觸發不同的行為和意識。另外，生活經驗、接受教育程度、價值觀等因素也會影響大腦對資訊的分析，不同的人可能會對相同的事物做出完全不同的判斷。

表現出謹慎特質的人，有些希望自己的認知深刻、富有內涵。他們往往在成長過程中受到習慣和現實條件的影響，在分析處理事情的時候，希望能夠百分之百掌握對自己有利的訊息。因為他們認為，對事情的細節資訊掌握得越徹底，就越有可能找到所有弊端，得到一個完美的處理對策。所以，這一類內向者喜歡深入考慮問題，相當慎重地做出決定。因此他們被認為是研究型人才，如科學家、發明家和政治家。

❖看準關鍵時刻再行事，切忌躁進

許多傑出的政治家看起來很有禮貌，談吐得體，極有魅力，但其實他們的性格也是內向的。如林肯、邱吉爾這些擅長演講的人，表達看法和做出決定都非常謹慎。因為每一個決定和選擇都可能影響很多人，正是因為謹慎才成就了他們不凡的事蹟。

例如歷史上頗受讚譽的美國前總統林肯，他當選總統不久就面臨國家分裂為南北兩部的局面，稍有不慎，他可能就會被列為美國歷史上最出名的「罪人」，那樣就沒有今天的美國了。

當時南方擁護蓄奴政策的州已經結成同盟，而北方一些州是另一番情況，很多黑人和奴隸自發地呼籲所在州，要求廢除落後的奴隸制度。林肯一開始並沒有完全倒向某一方，而是極力周旋。他的目標是保全國家完整，而不是支持施行某一項政策。林肯的做法非常小心謹慎，他並不企圖借助身為總統的權力和威望，衝動地站出來領導全國廢除奴隸制（儘管他本人並不贊成奴隸制）。林肯根據事態的發展走向，希望各州政府根據自身情況啟動廢除奴隸制的法案，而態度比較中立的州可以在廢奴後實行補償措施。經過一段時間，廢奴的呼聲在美國達到高潮，林肯才在這一重要的時間點上推出了著名的

《解放奴隸宣言》。❶這時候林肯才變得態度堅定，成為領導南北戰爭的核心，最終壓制住南方聯盟，維繫了美國的統一。

當然，大多數人很難成為像林肯、邱吉爾一樣的大人物，但謹慎的表現畢竟是非常寶貴的優點，在一般人身上也可以有相當積極的作用。

那麼，你該如何發揮內向者謹慎的特質呢？

認識你的內向超能力

謹慎、謹慎、謹慎，重要的特質說三遍

●情緒穩定

謹慎細心的人情緒穩定，擅長處理複雜事務。性格外向的人，往往對做一件事是不是有回報、對自己有無好處更加敏感，因此他們更傾向冒險。相反的，性格內向者則會

❶《解放奴隸宣言》於一八六二年九月二十二日頒布，一八六三年一月一日，林肯正式實施解放黑奴宣言。

選擇更加慎重的方式。性格內向的人遇到事情的時候必須排除干擾，保持情緒穩定。如果有過多雜務干擾，會使他們心緒煩亂、情緒不穩，注意力分散，就很難做到全神貫注。然而，由於內向的人經常自省、自我探索，所以能夠保持一顆平靜的心，處理事情自然相對沉穩。

●責任感強

一個細心、謹慎的人，往往有很強的責任感。任何事情都是事在人為，同樣一件事，性格內向的人往往更負責任，更能夠勝任。如果對什麼事情都毫不在乎、不當一回事，就可能竹籃打水一場空。只要能夠負起責任，油然而生一種神聖的責任感和使命感，就可能激發全部的智慧，調動出無窮的潛力。

●緊急事務找你就對了

內向者並不一定就是安靜或孤僻的，他們把注意力集中在自己的頭腦內部，重視主觀世界、喜好沉思、善於內省，常常沉浸在自我欣賞和陶醉之中。他們可能缺乏自信、容易害羞、冷漠寡言、較難適應環境的變化，但當面對緊急事務的時候，他們往往能好好妥善地處理。

比起外向性格，內向的人情緒更為冷靜、淡定，所以他們更擅長在資訊有限的情況下工作，對衝動情緒的抑制力比較強。內向者內心的意志更為堅定，能夠根據紛雜的資訊找到解決方案。正如同愛因斯坦說的：「我成功並不是因為我聰明，而是我花了更多的時間來考慮問題。」

5.2 洞察本質的本能

❖ 慢熱的人種

性格內向的人善於深思，習慣腦力活動，對於身邊的一切都很敏感，適應環境的能力相對較弱。但是，生活狀態和成長環境本就是在不斷變化的。因此，內向的人一般需要經過比較長的適應期，一方面他們要接納新事物，找到環境中的惡劣因素，並思考相應對策；另一方面他們要平復不安的消極情緒。所以，這也是人們形容很多內向者「慢熱」的原因。

大部分性格內向的人，對一切事物的變化都充滿深刻的洞察力，他們善於去分析利弊，判斷取捨策略。在成人的世界中，做好任何一件事都很不容易，即便是像愛因斯坦、巴菲特這樣的人物，在成功之前也要用漫長的時間來累積相關的專業知識，其間也會遭遇無數次失敗。

作為微軟的創始人和領導人，比爾．蓋茲在多數人眼中是公認的傳奇。在他孩子般的笑容背後，是讓人不可思議而又驚歎萬分的商業眼光。毫無疑問，比爾．蓋茲卓越的經營智慧讓他名噪天下。憑藉深邃的洞察力和精明的頭腦決策，他成為業界標竿與眾人仰望的巔峰。

在許多人心目中，比爾．蓋茲是集技術員、企業家和推銷員於一體的，多年來，他不斷證明自己對電腦業的未卜先知。由於他對先進科技的深刻了解和整合資源的獨特方法，使他在專業領域具有洞察先機的判斷力，為微軟確立了正確的發展方向。

比爾．蓋茲告訴人們，軟體也是一個市場，這個市場上的人都有各式各樣別出心裁的想法，必須要非常小心，不要讓這些想法改變我們的思維。我們必須明白什麼將會變得流行，並堅持自己的理念做下去。當業界公認處於「主機」主宰的時候，比爾．蓋茲認為PC時代即將到來，於是他著眼於搶占PC作業系統市場。二十年前他預言，世界上有桌子的地方就會有電腦，現在他的理想已經變成現實，計算機已經改變了我們的生活方式。

一九九五年十一月，他出版了《未來之王》。他在書中展望「未來生活」：「終有一天——不是很遙遠——你不用離開書桌或扶手椅就可以做生意，從事研究，探索世界及各種文化，收看你想看的任何娛樂節目，交朋友，以及給你遠方的親戚看照片。」沒有懸念，這些預測都一一得到了證明。

比爾・蓋茲幾乎是性格內向成功者的代表，而他讓人折服的就是那精明而準確的洞察力。因為這一類人非常專注於自身專業的種種細節，哪怕是一個細微的變化或趨勢，他們都會有所感應，提出相應的策略。所以，這一類內向的人往往希望面面俱到，深刻而周全，能夠憑藉深厚的專業知識和獨特的眼光，對行業未來和自身方向做出精確的預測。❷

這種洞察力有時候是刻意培養的，但同時也會受到先天本能的驅使。內向者在自己感興趣的方面，就自然而然地留意和專注。他們希望掌握所有的資訊，對任何風吹草動、可能或者已經出現的任何問題，他們都能夠「對症下藥」。當然，生活中多數人不一定能找到適合自己的領域，讓自己全身心投入，像比爾・蓋茲和電腦軟體行業、巴菲特和金融股票行業這樣契合。但你也可以有意識地在某一片領域中，盡量讓自己投入其中，發揮自己的所長。

內向的人一般不願意將內心的想法輕易地說給別人聽，但如果他們找到了屬於自己的天地，能夠一展所長，他們一樣可以侃侃而談。所以，這種洞察力是他們積聚能量的手段和方式，給他們自信，可以使他們的內心變得強大有力。

那麼，內向者該如何發揮自己的洞察力呢？

●相信自己的判斷，訓練邏輯思維

內向的人原本最相信的人是自己，但他們有時又會因為對外界的評判過於敏感而缺乏自信。因此要擺正自己的認知，建立自己的信心。提升洞察力需要善於思考，要學習從根源去梳理，找到問題的本質。面對事情或問題時，先去縱觀整件事的全局，尋求內在的安心，然後透過一次次訓練的累積，提升對事物的觀察力和洞察力。

●在平靜中激發創意

內向的人一般喜歡獨處，喜歡平靜的生活環境，這樣的環境能夠幫助他們提升思考的效果。就工作而言，安於平靜對適應環境來說很有益處，因為這樣容易激發他們的創

❷本節比爾·蓋茲的經歷引自《比爾·蓋茲全傳》第三章「經營篇」和第五章「決策篇」，于成龍著，新世界出版社，二〇〇五出版。

意。因此，提升思考能力的一個辦法，就是多處於舒適而寧靜的環境中。那些有創造能力的成功人物（比如愛因斯坦、牛頓、馬克思等天才），幾乎都有一個共同特點，那就是喜歡獨自在平靜的環境裡埋頭苦幹。

●吸收有價值的意見，提升洞察力

內向的人大多比較敏感，比外向的人更重視別人的回饋。因此要理性看待其他人的意見，仔細進行分析，來提升自己的洞察力。不同的人有不同的觀點，全面了解他人的意見並吸收有價值的資訊是一個簡單、快速的方式，別因為別人的一點意見就畏縮害怕、妄自菲薄。

5.3 窗外的紛擾我不聽

內向型人格具備很多長處，但一般人不太容易覺察。這些特點有時候還被誤認為是缺點，例如內向的人不太喜歡參加群體活動，因此被認為不合群，不愛和大家交流，其實這恰恰體現了他們更善於集中精力專注做某件事情。

❖ 不在意自己要說什麼，而是學習該說些什麼

在紛繁嘈雜的社交型場合，假如性格內向的人被強制要求參加，出於基本禮貌，他們也會跟人交談，但純粹是敷衍性的。內向的人一般不會進行華而不實的閒聊，他們會認真傾聽和吸收他人的話，在別人說話的時候，盡量集中精神給予尊重，不會在意自己要說什麼，而是通過用心傾聽來學習應該說些什麼。

多數內向的人會避免去人多的場合，主要是因為他們喜歡安靜。他們一般不想成為別人的焦點，不希望別人知道自己在生活、工作中遇到了什麼困難，心裡背負了多少壓

力，被多少情緒困擾等。在他們眼中，人多的禮節性場合，大家七嘴八舌討論的話題通常沒有什麼價值。

內向的人並不希望被其他生活瑣事干擾分心，希望應酬交際越簡單越好，令他們滿意的交流往往和其興趣愛好相關，並且是專業而專注的。他們尤其討厭複雜的人際關係，這對於內向的人來說簡直是浪費時間和精力。那些富有創造力的內向者更喜歡獨處，喜歡與簡單的、志同道合的、有默契的人相處，而不喜歡在那些看似浮華、應付場面的社交關係中浪費時間。因為他們能夠沉浸在深入交流的事業或愛好中，真正集中注意力探討專業的事情，碰撞出思想的火花。

多數為人所稱道、取得非凡成就的內向者，有很多是這種非常不喜歡熱鬧，但做事異常專注的人，例如傳奇股神巴菲特。

❖ 專注的巴菲特：賺錢就是興趣

紀錄片《成為華倫．巴菲特》❸再次把眾人的目光引向他。他是全球嚮往財富的人心中的神話。這部紀錄片簡單直白地告訴全世界的人，成為巴菲特的祕訣其實人人都知道，就看你是否做得到。這個祕訣只有兩個字：專注。

小時候的巴菲特，每週只有五美分的零用錢。他覺得不夠用，於是五歲就開始學著做生意。起初他上門推銷可口可樂、口香糖，還賣過郵報。巴菲特回憶說，自己喜歡送報紙這個差事，因為這樣他就能規畫自己喜歡的路線。性格內向、喜歡安靜的他，早上五、六點鐘就出門做事，那時候沒有人會打擾他。用巴菲特的話說：「我完全是我自己的老闆啊！」他每天差不多要送五百份報紙，每份報紙賺一美分，看起來當然微不足道。但每天攢下一美分，很快就有了幾百美元，甚至上千美元。巴菲特從小就喜歡賺錢，十一歲時便已開始學著炒股，十六歲還沒上大學時就賺了五萬三千美元。

❸《成為華倫．巴菲特》，美國紀錄片，講述巴菲特從白手起家到創辦公司的成功經歷，以及他的投資理念和成功祕訣。本節內容根據劇情介紹整理論述。

另一方面，巴菲特對生活要求很簡單，在大半輩子工作的日子裡，他的早餐花費不超過三．一七美元，並且經常在上班的時候去麥當勞買早餐。這個全世界人人敬佩的成功人士，座駕不是勞斯萊斯、賓利，而是一輛開了八年的凱迪拉克。他住的房子居然是一九五八年買的，只花了三．一五萬美元，一住就是半個多世紀。這也導致他家附近所有的住宅一直都在熱賣，因為地產經紀都把「你可以跟巴菲特當鄰居」拿來做廣告。

雖然巴菲特是全球極成功的金融投資者，但這個天才在生活上簡直「低能」，他找不到家裡燈的開關，搞不清家裡牆壁的顏色，而且出了名的摳門，用優惠券請比爾．蓋茲吃麥當勞這事，已經成為名人之間的經典調侃笑料。

通觀所有細節就會發現，巴菲特這一生對衣食住行的要求很少，可說是不太講究。但是，他終生都在專注在做自己感興趣的事：賺錢。他賺錢不是為了揮霍，而是因為他的專業與愛好在此。所以，他賺錢以後自己用來享受的從來不超過收益的一％，而且他也花了很多錢做慈善。

❖ 發揮專注優勢的方法

顯然，巴菲特的時間從來沒有浪費過，他不會糾結在不喜歡或是不擅長的事情上。他和比爾．蓋茲一樣，在自己感興趣的事上非常用心和專注。大多數內向的人身上也具有專注的毅力，雖然普通人很難有像巴菲特或比爾．蓋茲那樣突出的優勢，但我們都可以學習他們做事的態度和方法，這種精神是可以借鑒和複製的。

俗話說，性格決定命運，細節決定成敗。生活中大多數人雖然無法成為那種偶像式的人物，但每個人都會遇到均等的機會，性格內向的人也是一樣。這就好比在學校裡，總有幾個比較積極的學生滔滔不絕地發言。假如一向沉默寡言、性格靦腆的人突然舉手，相信所有人都會轉過頭來，好奇地看著這個人。但是，內向的人一般不會為了突出自己而爭取表現，一旦他們利用這種「在場」的力量，做了充分準備進行發言，很容易就能獲得關注。他們就會在其他人的意外中樹立起沉著冷靜的積極形象，讓人對他們刮目相看。

那麼，內向者該如何善加運用專注的稟賦呢？

●自我激勵，提升專注力

自我激勵的方式可以消除分心，毋須等待任何人的確認和批准，內向的人會以承諾作為激勵，來實現他們的目標。這有助於使他們成為高效率的企業家。

●沉著冷靜地聽取意見

一般而言，外向的人總喜歡主導每一次交流，但內向的人喜歡保持安靜，並傾聽周圍的人所說的話。就創業而言，後者更容易成為卓越的領導者。

這不僅對公司業務至關重要，而且對於員工工作和團隊合作也非常重要，內向型企業家更擅長解決問題，推動公司長遠發展。

5.4 與生俱來的獨立

性格內向的人在大多數人眼中很獨特，外人不易親近。他們心中好像隱藏著許多事情，又不願意將想法說給別人聽，這一類人往往獨來獨往，就像傳說中江湖世界的俠客。

❖ 金庸的創業故事

世界聞名的武俠小說大師金庸先生，一生寫了許許多多性格各異的江湖人士，既有風流瀟灑的武林豪傑，也有為國為民的俠義英雄。其實金庸本人是一個性格內向的人，雖然談吐睿智，但話很少。眾所周知，金庸非常愛讀書，到老依舊好學不倦。退休多年，年紀很大了還去國外唸書。

另一方面，金庸也是成功的新聞人和報業大亨。工作上，金庸對每一個重要的決策都很有主見，非常專注於自己的事業。二十世紀五〇年代，當他決定離開《大公報》，自

己創辦《明報》的時候，也是受了敏感的性格和自主的意識所影響。❹

當時金庸事業受挫，嘗試進入長城電影公司當編劇。那段時間，金庸對社會現實比較失望，有些心灰意冷。創辦《明報》再次點燃了他的鬥志。金庸從不依賴別人，自己編輯、自己寫作，甚至自己跑發行，所有資金都是自己籌措的。金庸的第二任妻子朱玫還拿出所有首飾支持丈夫創業。那段時期可說是金庸生平最艱難的時期，並且創下了金庸最瘋狂的工作紀錄——一個人同時負責寫數個版面的稿件，包括頭版的時事評論。他憑藉小說方面驚人的才氣，以及對社會時事的深刻見解，支撐起這一份少見而新穎的民營報刊。最終金庸一手將《明報》做成了香港的大報，在一九九一年成功上市。

大多數內向者在遇到挫折或委屈時，往往選擇自己承受負面情緒，一般不會輕易對家人、朋友傾訴。因為他們知道，沒有人願意聽抱怨，無論怎麼向別人訴說，也解決不了，他們寧願沉默，慢慢消化。如果想通了，找到了新的方向，就可以將負能量轉化為繼續奮鬥的動力。金庸先生不僅開創了《明報》事業，還在高壓狀態下把武俠小說創作推向了高峰。毋須懷疑，他的武俠小說自然離不開親身的經歷和感悟，小說中許多知名的俠士都融入了他個人的性格，都是內向的人。

❖金庸筆下的人物都是內向者

如大家最熟悉的「射雕三部曲」，郭靖、楊過、張無忌都是內向的人。郭靖少年時資質不佳，不善言談，生活在漠北草原的陌生環境中，毫無疑問是性格內向的人。即便後來有江南七怪來教他武功，但郭靖和幾個性格古怪的師父也很缺乏溝通，學得很慢。馬鈺和洪七公都看出了郭靖的長處和短處，根據他的特點教他，才慢慢讓郭靖找到了學習的方法，逐漸開竅，武功得以提升。

也許很多人會認為，楊過年輕時風流倜儻、能說能笑，應該是外向性格。但恰恰相反，楊過自幼孤苦，小小年紀就隱藏了許多的心事，很多嬉笑怒　全都是他偽裝出來的。眾所周知，楊過從小失去雙親、流落江湖，受盡白眼和欺辱，還長時間寄人籬下，他看著郭靖一家受人敬佩，熱熱鬧鬧，但他身為郭家世交的子侄，卻始終被另眼相看，這一份心酸只能自己化解。所以，楊過一直都是個內向的人，至他武功絕頂時，闖蕩江湖十六年都始終戴著人皮面具。楊過只希望走遍天涯海角尋找小龍女，雖然經常行俠仗

❹本節關於金庸生平事蹟，引自《金庸傳》，傅國湧著，浙江人民出版社，二〇一三年出版。

義，但幾乎不與外人交流。

張無忌從小生活在海外，沒有和外人接觸過。回到中原後遭逢父母慘死的大變，一個人流落江湖，遇到種種複雜的困境，憑藉奇遇才躲過毒發身亡的厄運。儘管張無忌不像郭靖那麼木訥，但也是個純良質樸的人。所以，金庸分別給郭靖和張無忌特殊的照顧，他們身邊的兩個女主角黃蓉和趙敏都是相當聰明的人，顯然是作為性格的補充。

除了性格內向之外，這些武林大俠在思想行事方面也都相當獨立自主。他們的愛好都很簡單，對生活沒有什麼要求。但另一方面，只要他們認定是應該做的事情就會堅持到底，這就是內向性格非常典型的特徵，也是大俠們能夠受人尊敬、受讀者喜愛的原因。

我們知道，郭靖雖然有點呆傻愚鈍，卻是公認金庸塑造得最成功、最有魅力的角色。他仁義雙全的品格顯然不是一天練成的，從少年時，郭靖就已經受到很多優秀特質的影響。江南七怪的武功不算高，但他們的俠義風骨從小感染著郭靖。為了實踐一個承諾，七怪從江南到漠北，守護郭靖十八年。少年郭靖武功不高，見穆念慈被楊康欺負，明知不是楊康的對手卻毫不退縮，仗義出手。初見黃蓉是一個小乞丐，毫無偏見，請她大吃大喝，被黃蓉高雅的談吐折服，送衣服、送錢、送馬，把黃蓉感動得一塌糊塗，認定郭靖為終生伴侶。這些細節都能看出郭靖的高尚特質。之後郭靖一度為學武到底有什麼用而困擾，這樣一個頭腦不算靈活、悟性也極其普通的少年，一直都有非常獨立自主的人格。經過一連串事件之後，他才決定要做恪守俠義和堅持己見的人，最後趕赴襄陽保家衛國，完成了自己的理想。

在現實生活中，希望一個內向的人工作有成效，最好的辦法就是讓他獨立工作。例如完成一項發明設計、撰寫一份報導、處理文字工作等。當他們獨自工作時，更能發揮創造力。所以，性格內向的人會用敏銳的思考、堅定的意志，攻堅克難，爆發驚人的力量。他們能把表面的劣勢轉變為長久的優勢，充分利用個性特點，鼓舞有共同志向的人一起前進。

❖ 培養獨立意識的方法

● 不輕易附和他人

內向的人一般不追名逐利，擁有個性化見解而不盲從，對不熟悉的領域不輕易表達，會選擇保持沉默。在熟悉的領域則會有專業的判斷，體現出他們獨到的見解，不會流於表面。

●精而專，而不是廣而博

內向的人真正獨立的意識體現在專業層面，他們會在符合興趣愛好或能發揮長項的工作上盡量精深，體現自己的與眾不同。如果希望透過見識廣博來體現獨立深刻的見地，往往比較困難。

●不要忽視創造性

內向的人內心深處有一種尋求創造性的超然，有點像藝術家。內向型的領導者往往能夠帶領企業走出低谷，或者找到解決問題的最佳方案。

5.5 堅韌之心

古今中外很多有才華、有潛力的人都是內向者，他們依靠內向的優勢取得成績。儘管不少內向的人喜歡平靜生活，喜歡獨處，不願參與社會性活動，但也不乏許多內向者有遠大的志向，他們依靠堅韌的心靈排除萬難，最終獲得想要的成功。

這些內向者之所以能成就一番大事，主要是因為他們激發了自身的內在力量。我們或多或少都聽說過，人類具有無窮的潛能。越是不起眼的地方，越是聚集著驚人的爆發力、意志力、專注力和思考力。只要他們下定決心去做一件事，哪怕耗費漫長的時間，也能夠發揮長久的效應，最終取得驚人的成就。

❖ 拿破崙的故事

法國歷史上著名的皇帝拿破崙，是一個來自偏遠地區的窮苦少年。拿破崙小時候性格非常內向，但十分好學，善於汲取知識。為了擺脫窮困的家境，他很早就下定決心要做一番事業。

拿破崙的父親卡洛沒什麼錢，但看出拿破崙喜歡讀書。於是，在拿破崙十歲左右，卡洛費盡心血把他送進布里埃納的貴族軍事學校。學校裡的同學都很富有，諷刺拿破侖是來自殖民地❺的底層賤民。拿破崙感到羞辱，但不得不默默忍受，於是他更加刻苦學習，希望用實力說話。讀了幾年以後，拿破崙以優異的成績被選送到巴黎軍官學校專攻砲兵學，但沒過多久父親逝世，家境不好的拿破崙被迫提前離開學校。

之後，拿破崙進入拉斐爾軍團並被授予砲兵少尉軍銜，隨著部隊操練和行軍。部隊中的很多同伴都在閒暇時間追求女人和賭博，而他則一邊繼續埋頭讀書，一邊努力尋找新的機會。拿破崙在圖書館裡借書研讀，這段經歷使他得到了很大的收穫。

拿破崙住在一個既小又悶的房間裡，據說他的讀書筆記印出來足足有四百多頁。他曾想像自己是總司令，將家鄉科西嘉島的地圖畫出來，在地圖上清楚指出哪些地方應當布置防範，這是用數學方法精確計算出來的。這使他有了充分的準備，一旦有機會表現就能牢牢抓住。終於有一次，長官發現拿破侖的學問很好，派他在操練場上做一些進攻前的謀畫工作，這需要複雜的計算能力。他做得極好，於是獲得了這個機會，逐漸脫穎而出。這時，一切情況都變了。從前嘲笑他的人，現在都簇擁到他面前；從前輕視他的人，現在都希望成為他的朋友；從前挖苦他矮小無用的人，全都開始尊重他。隨著拿破崙地位上升，他們都變成了他的擁戴者。

當內向的人有志投身某項事業時，他會將所有潛能都凝聚在一處，如匯聚山川河水，成就江海浪濤，這種力量將攻無不克，戰無不勝。

那麼，是什麼能讓內向者排除萬難，最終取得成功呢？

●隱忍造就堅強的意志

隱忍的經歷磨練了他們堅強的意志力。青少年時期的不愉快經歷，或者負面的遭遇，迫使內向者將情緒壓制下來，等待時機。在較為弱小、能力不足的時候，內向的個性使他們很難反抗，而這也就造就了他們超乎尋常的忍耐力和意志力。經過漫長的消化，一些負面的情緒反而能夠與正面的意志力相融合，最後成為他們獲得成功的力量。

❺科西嘉島在歷史上長期屬於義大利的領土，古代羅馬人、中世紀熱那亞和比薩等城邦都占據該島。直到拿破崙出生的一七六九年才被併入法國，當時是屬於新的殖民地。

●深入的思考

深入的思考力是內向者成功的關鍵。思考力是開發內在智慧的重要力量，堅定的心智是他們走向成功的強大後盾。除了政治家，許多科學家、藝術家、作家的偉大成就都與他們內在智能的開發分不開。

●頑強的意志

頑強的意志促使內向者持之以恆。就像俗話說的，堅持就是勝利。古今中外有很多因此成功的案例，只要堅持，或多或少都能取得相應的成績，儘管到最後不一定都能圓滿成功。內向者十分清楚自己的目標，並且會全身心投入。因此很多內向者可以臥薪嚐膽，在困難和挫折面前一字不發，默默在心中蓄積著力量，等待實現理想的那一天。

❖淬煉堅韌心靈的方法

●深度學習

不論自己的目標是什麼，首要儲備知識和積蓄能量。要想比一般人更成功，自然就要潛得更低，向深處挖掘知識。內向的人要保持謹慎和細心，吸收非凡的營養充實自己，把事情想得透徹，並善於做出明智的決定，完成一件事後再繼續處理新問題和思考新點子。

●言之有物

在修煉「內功」的階段，即使面對別人的試探或挑戰，也不要輕易坦露自己的內心。假如沒有十足把握，自己還不夠強大，輕率的舉動只會為自己增加一次挫折。盡量完成詳盡周密的計畫，時常訓練自己的談吐和頭腦，讓自己的觀點清晰、用詞準確。

●適當「練兵」，總結經驗

當自己感覺準備得差不多以後，就需要檢驗本領了。就像經典理論所說「實踐是檢驗真理的唯一標準」，內向的人為了實現自己的目標，需要勇敢出擊。即使一次、兩次、三次失敗，也不用有太多心理包袱。一鳴驚人固然理想，但畢竟是少數。世上大部分的成功都是從多次失敗中吸取經驗，在不斷的嘗試和修正中得來的，這也是堅忍不拔的真義。據說喜歡單獨訓練的人往往更容易鍛鍊出精湛的技藝，例如在體育運動、樂器演奏和課業考試等方面。因此，他們在單獨工作時會更有成效。此外，腦力激盪並不是產生創意的唯一方法，獨立思考有時候會有更理想的效果。

5.6 善於傾聽

聽人說話，是人們習以為常的基本生活內容，每天只要和人交流溝通，必然會去聽對方說話。對於現代社會的溝通理論來說，聽人說話有不同的方式，真正善於傾聽的人往往才能交到真心的朋友。

聆聽、靜聽、傾聽等，都是聽人說話，不同之處在於聽話人的行為表現和心理狀態，這體現了專注和用心的程度。傾聽更強調用心去聽，甚至達到心與心連結的程度。傾聽是有效溝通的必要條件，然後才能去尋求思想感情的互通。

❖ 善於傾聽的內向者

真正善於傾聽的往往是性格內向的人，他們重視與交談對象進行深入的交流，渴求真誠坦率的交流，希望切磋觀點，形成默契。因為傾聽的主體者是聽者，而傾訴的主體者是訴說者。傾聽者作為真摯的朋友，往往要帶著虛心、耐心、善意為傾訴者排解情緒，提供意見。

在多數人的印象裡，內向的人不善言辭，那是因為他們不願意多說無意義的話。他們希望自己說出來的話語可以對對方有益，幫助對方解決問題或者舒緩情緒。假如做不到這一點，他們會認為話說得越少越好，因此才讓別人誤認為內向的人沉默寡言。

我有一對夫妻朋友劉力和他的妻子小佳，兩人都有生活和工作的煩惱，本來這很正常。劉力就職於一家網路公司，工作內容主要是負責撰寫輿情報告，還要更新一些網路公關部門的資料。他們每天都有指標，平時盯著網路，壓力很大。由於互聯網環境日益嚴苛，差錯、遺漏在所難免。劉力有時受到一些批評或指責，心裡就會產生一些焦躁、煩悶的情緒，這時候他就想要找人聊聊天，於是他老婆小佳自然而然成了傾訴對象。

小佳非常清楚老公工作辛苦，其實也想安慰他一下，可是每次兩人的談話都以失敗告終。有一次，劉力回家後說：「也不知道怎麼回事，這個月的輿情彙報資料不穩定，主管總是說我看得不准，我一個人怎麼有辦法看得過來！」小佳聽了就說：「哎呀，現在互聯網的情況不就是那樣嗎？你不用總是為了這事煩心呀！反正你一個人精力有限，也解決不了！」劉力聽了之後，覺得小佳是在貶低自己工作能力差，心裡就更覺得委屈，交談只能暫停。一來二去，日子久了，夫妻之間的共同語言越來越少，劉力越來越覺得小佳不如結婚前那麼理解體諒自己了，而小佳也覺得劉力有時候無理取鬧，明明自己是好心相勸，他不但不領情，最後還反過來說自己不對。

作為他們兩人共同的朋友，我每次都要聽完他們兩位的嘮叨，然後再加以勸慰。他們也都很奇怪，問我為什麼我一個外人反而能夠理解他們呢？其實這都是傾聽的作用。

●站在對方的立場，嘗試理解

外人作為旁觀者，如何能知道他們兩個人到底怎麼想呢？只不過是跳出矛盾衝突的局面，站在朋友的角度認真傾聽，站在對方的立場同情理解，給予支持而已。

一般人可能覺得勸說朋友哪用得著那麼麻煩，只要想到辦法直言相勸，一是一、二是二地說出自己的看法，讓對方照著這種方案去解決，就可以幫助朋友走出困境。事實上，這是一廂情願、先入為主的想法，真正陷身困境的人非但不能平復下來，還會把情緒的矛頭指向出主意的人。如果嚴重的話，還有可能爭論起來，反而鬧得不歡而散。那麼明明是好心，問題出在哪裡了呢？原因就是聽人說話的方式不對，沒有帶著同理心去傾聽對方內心的想法。

❖傾聽的方法

錯誤的傾聽方式不僅會毀掉一段談話，還會傷害原本和諧的情誼。就如同劉力和小佳，夫妻感情不斷疏遠，險些出現狀況。內向的人一般出言謹慎，很容易成為很好的傾聽者；作為朋友，他們重視友誼，也能為朋友考慮；再加上喜歡思考，最後提出的辦法往往是真正為朋友著想的：這讓朋友能夠認同他們，並感受到他們的一份真心。所以，內向的人可以說是傾聽的最佳詮釋者。要真正做到善於傾聽也需要非常細緻和周全，切忌疏漏。

●不以自己的感受來判斷

內向的人容易受情緒感染，假如失去冷靜，把對方的問題轉移到自己的經歷上，就容易得出不當的判斷。比如我要是對劉力說：「確實，你這工作真是煩死了，要是換成我一天都不想做了，馬上辭職。」或者說：「你那個算什麼啊，你來我們公司試試，你才知道什麼叫煩人。」劉力只是想要宣洩情緒，希望得到鼓勵性的建議，而不是受不了真的要辭職，我要是帶入自己對工作的抱怨，這樣勸朋友顯然只會讓他的心情更糟。

●不隨意假設

當對方說一件事的時候，聽到一半就認為自己完全明白對方的意思，就按照自己的錯誤理解去回應，很可能會讓朋友生氣。還有一種情況，你提前下了結論，認為對方的想法幼稚、不值得仔細去聽，雖然你提出意見，但也是比較膚淺和草率的看法，這樣也會讓朋友感到自己被敷衍。

5.7 分析式思考

性格內向的人都善於思考，有些人習慣深思熟慮，比如某一行業的專家、大咖。客觀來說，每個人說話時都會思考，哪怕是很放鬆的閒聊都不例外。就像在聚會中，其他人見面了會一起談天說地，聊一些娛樂性話題。內向的人有時候不愛說話，但他們的腦子並沒有停止思考。就像學生時代每一次老師叫同學們發言，內向的人基本上都不會舉手，選擇沉默，但他們會一直思考老師的提問。若老師給了比較充足的時間，也許他們能給出一個準確而周全的答案。如果老師立刻點名讓他回答，內向的人就會非常緊張不安，甚至大腦一片空白。

❖ 反覆分析的思考模式

內向的人往往不是進行簡單的思考，而是喜歡對一些內容進行各種角度的分析。好比他們會從一個話題延伸，去吸收與綜合很多資訊，在大腦裡不斷消化，直到感覺各方面都已經掌握，這也是他們想太多的緣故。在擅長的事情上，內向的人顯得很有把握。

例如內向的學生都會暗自用心準備重要的內容，記錄老師在課堂上講的所有知識，下課以後還會反覆思考，為考試做充分準備，這就是一種分析性的頭腦。日後處理生活中和工作上的許多事情，他們都會沿用這個模式。可以說，這既是一種性格特質，也是一種長期養成的習慣。

在工作中偶爾就會遇到一些性格內向的人，往往能夠獲得其他人無法預料的收穫，分析性思考就是他們在生活中和職場上的成功因素。

❖ 妥善照顧每個人的心情

有一次，我去參加一個工作性質的聚會，邀請了一些合作過的客戶和可能有意願合作的客戶，其中，章總就是公司市場部準備接洽的一個設計公司客戶。在一大群人中，不論是公司答謝的還是嘗試聯絡的，大家不管熟識與否都互相恭維，天高海闊地談論一些工作構想或東南西北地閒聊人生經歷。章總在他們之中飲酒、只偶爾回應談話，一般只是點頭微笑，大多數時候都在安靜聽其他客戶說話。如果換到另一桌人中間，他也是聽別人說話，依然是最低調的那一個。

等到其他客戶答謝介紹完畢，公司邀請潛在客戶章總上臺說兩句，他這才站起身，上臺感謝這一次聚會邀請。原本我方舉辦的整場活動，對章總來說只是禮節性的應酬，可以參加、也可以不參加，何況他也不是很熟悉這一環境，但他來到現場以後，非常細緻地留意在場的人士，最後他的演說照顧到了所有人，感謝了很多人，讓每一個人都把他當成自己的朋友，非常珍惜這一次的交流。

儘管章總講話開始也有一點緊張，但隨著熱鬧的氛圍沉靜下來，全場人都開始安靜傾聽，於是他越來越自信，語言組織條理清晰，態度客氣溫和。等他說完，臺下掌聲雷動，大家對這個不到四十歲的年輕人讚不絕口，最後公司把章總列為非常重要的長期合作夥伴。

這一類內向者不論與朋友交談、還是與工作客戶面談，都非常在意對方的話語資訊。他們會謹慎分析相關的內容，也會結合自己內在的想法，思考如何進行有效對接，順利交流。他們很在意對方的感受，就像章總，哪怕一開始並沒有合作的關係，但他也非常有心地照顧到了大多數人的心情，最後以自己的真誠和表現，恰到好處地贏得了大家的關注和尊重。

這一類內向者一般很擅長分析，經過醞釀的談話內容也顯得很有深度。尤其是關於職業方面的資訊，哪怕是在一些他們並不感興趣的社交場合，一旦觸及啟發他們的細節，他們也會陷入思考。如果真以為內向的人不善言辭、不懂交際，那就是誤會了。其實，他們只是進入了另一種「行為模式」，正在醞釀一些不錯的想法，包含尋常反思中沒能及時記錄的資訊，又或者是一些平時很少接觸的內容。在交談和聆聽中忽然被激發出來，使他們打開了另一片值得探索的天地，因此忽略了周圍的人群。

❖ 善用分析式思考的方法

● 注重品質，而不是數量

儘管內向的人大都喜歡有深度的談話，因為這樣能夠有很好的效果。但如果想培養分析交流的能力，就要不斷提升自己的交流經驗，慢慢擴大生活圈子。也許這樣的機會不多，但深度的談話比較透徹，品質也較高，不需要刻意去製造談話次數，否則可能會適得其反，給內向的人徒增迷惑和困擾。

●利用獨處加強分析式思考能力

內向的人原本就很珍惜獨處的時光，他們習慣在安靜中為自己增添正能量。在自己獨處的機會裡，嘗試提升分析和思考的能力是最好不過的方式。去健身房運動或去書店看書，也是另一種形式的獨處，因為周圍的人群也都抱持和你相同的目的，你和他人志同道合但又不會受到打擾，這是內向者和內心對話、提升自己的理想時機。

●謹慎交談

人與人的交往中，言談說話小心謹慎是公認的優秀特質，這可以將矛盾誤會的概率降到最低。內向的人一般都習慣三思而後行，萬一遇到劍拔弩張的矛盾也能盡量保持平靜。也許有人覺得他們顯得木訥，但正是這種沉穩的性格，能讓他們和朋友交往時處處保持分寸。

5.8 永不停下追逐的腳步

❖ 內向的喜劇之王

很多人都知道，擁有「喜劇之王」稱號的周星馳從小就是個非常內向害羞的人。但是，當演員卻是周星馳一直以來的志願，他從沒有因為性格方面的困難放棄追逐夢想。《喜劇之王》中那個面朝大海高喊「努力！奮鬥！」的尹天仇，就是周星馳本人的化身，他永遠為生活在底層的小人物代言。

周星馳從小家境貧困，生長在單親家庭。小時候，他也很頑皮，母親淩寶兒對他很嚴厲，雖然這份嚴厲是出於疼愛，是為了教導他走正路。後來周星馳通過上藝人培訓班進入了影視圈，雖然認識了很多朋友和同行，但他依舊要從跑龍套做起。周星馳沒有放棄，更加努力去爭取和把握機會。為了能夠引人關注，他在表演中刻意去表現誇張的行為舉止，透過非常誇張的方式逗樂觀眾，終於成為人所周知的「無厘頭」喜劇明星。

隨著自己的走紅，周星馳也越來越在意別人的觀點和看法，同時他也堅守著自己的目標。周星馳一直牢記自己做演員的初衷。所以，他工作中的孤僻和嚴苛都是出於他內心對理想的執著，但並不是每一個交往與合作的人都能明白他。

例如，與周星馳合作《大話西遊》的導演劉鎮偉就說：「他經常被人誤會耍大牌耍酷，其實他是一個非常害羞的人。拍《大話西遊》的時候，我見過他拿著掃把跟工作人員一起掃地。有次收工想跟我談戲，還偷偷往我酒店房間門下塞紙條。其實星仔平時害怕接觸陌生人，不夠主動，所以容易被人誤會。」當時周星馳三十多歲了，已經紅了很多年，卻還是這樣。

吳君如跟周星馳早年在無線培訓班就認識，兩人都還沒紅的時候就合作過。吳君如跟周星馳的關係沒有像其他人認為的那麼緊張，吳君如評價說：「他只是要求比較高，並無惡意，但這種性格是很容易得罪人的。」其實，周星馳這種對理想特別執著的人，對自己和別人的要求都很高，正體現了典型的藝術家氣質。從進入影視圈開始，他就夢想成功，甚至還要做最成功的那個。為此，周星馳渴望一切機會，也努力把握一切機會，為自己的夢想努力奮鬥。周星馳的確可以算是底層人物奮鬥成功的典型代表了。

❖ 堅持夢想的內向導演

還有一個內向的人特別堅持夢想，那就是國際知名導演李安。

李安，毫無疑問是非常有才華的導演和編劇。他從小喜歡電影，很想投身這一行，上中學的時候就試著編話劇，還組織了一群同學到家裡排練。他的父親是一所中學的校長，屬於嚴肅傳統的那一類家長，一度對李安的興趣愛好很不滿意，以致父子關係漸漸疏遠。

因為李安有編劇和導戲的興趣，因而忽視了學業，大學聯考落榜。之後他選擇藝專學校的影劇科專業，繼續編導戲劇，還主動演出。儘管李安的性格內向，但他在喜愛的專業領域內並不沉悶。他和同學聊戲劇，從東方古典到西方現代，表現得非常健談，也很受人喜愛。之後李安前往美國伊利諾大學學習戲劇導演專業，兩年後取得了學士學位，並拍攝了一部畢業作品。回到臺灣後，電影業在當時已經非常不景氣了，李安整整六年一事無成。這期間他結了婚，也嘗試過其他工作，主要都和文學藝術有關，也和他的愛好有關。像繪畫、小說、戲曲、聲樂，甚至舞蹈，李安都嘗試過，雖然這些都沒有為他找到出路，卻為他後來的電影事業提供了支援和幫助。[6]

在那令他銳氣磨盡的六年中，他把所有可以嘗試的事情都做過了一遍，然後他發現：「我真的只會導演，做其他事都不靈光。」他的妻子林惠嘉則是李安在美國的大學同學，而且是生物學博士。那段期間完全靠她一手撐起全家，幫李安挺過了最無助迷茫的時期。據說李安回憶當年苦悶的日子時，曾調侃過：「要是真的無法成功的話，作為一個男人都應該切腹自盡以謝天下了。」最後，李安把對生活的所有體驗融入了第一部電影《推手》，展現了兒子與父親的隔閡和東西方文化的差異。這部電影為李安贏得了四十萬的輔導金，也是他獲得的第一次獨立執導影片的機會。眾所周知，李安夢想成真，《推手》榮獲金馬獎最佳男主角、最佳女主角與最佳導演評審團特別獎。此外，這部影片還獲得了亞太影展最佳影片獎。

❖堅持追夢的方法

生活中，不論我們自己多麼渺小，每個人從小到大，在不成熟的階段也好，成熟階段也好，都有過一些夢想。有些夢想可能不切實際，有些夢想卻是可以透過不懈努力達成的。性格內向的人，內心的那一份執著比其他人都更加強烈。那麼，大多數內向者該怎麼堅持自己的夢想信念呢？

●持之以恆地培養一個習慣

細節決定成敗。性格內向的人一般都注重細節。堅持夢想往往可以從小事做起，持之以恆地做好一些小事，那麼，追逐自己的夢想就不至於有太大的問題。

●用頑強的意志力面對挫折

勇於追夢的人，幾乎沒有誰可以一帆風順，失敗的打擊是家常便飯，這對歷史上那些偉大的名人來說也不例外。內向的人往往對於挫折較為抗拒和恐懼，這是影響他們通往成功的最大障礙。但是他們也擁有頑強的意志力，只要堅持下去，相信一定能克服這種障礙。

❻本節李安的事蹟參考自《十年一覺電影夢：李安傳》，張靚蓓著，中信出版社，二〇一三年出版。

●選擇正確的方向

有一種成功學觀點認為：「選擇比努力更重要。」選擇，意味著你的努力方向是否正確，假如方向錯了，人生的道路就可能南轅北轍，離目標和成功越來越遠。所謂夢想，極有可能是好高騖遠，不切實際。

5.9 你的痛，我感覺得到

內向的人一般都有驚人的洞察力，他們表面上可能寡言少語，但往往言之有物。因此，他們的意見和聲音更容易被他人認可。

❖ 敏感的寶玉和黛玉

曹雪芹筆下的賈寶玉和林黛玉，都是經典的內向性格。他們兩個心意相通，處處體現了站在對方的角度所思所想的性格特質。儘管讀者時常會覺得他們想太多，但這都是因為關心則亂。當然，有人可能會認為，寶玉和黛玉是一對前世有情緣的戀人，關係非一般人可比。但是，曹雪芹出色的藝術塑造力使他的作品不會有膚淺的人物設定，他筆下的主人公性格是非常有真實感的，寶玉和黛玉兩人的內向性格絕非憑空杜撰。

●換位思考、為他人著想

以賈寶玉的人物形象來看，他對府上女孩的關心都是發自內心的，不論是千金小姐還是身邊的丫鬟，這體現了他極為真誠的天性。最典型的有兩處：一個是因為不謹慎，寶玉和母親王夫人身邊的丫鬟金釧說悄悄話，惹王夫人生氣。王夫人認為金釧勾引寶玉，逼得金釧跳井死了。寶玉非常愧疚難過，連身邊伺候的書童茗煙都看出來了。有一次，寶玉到寺廟偷偷上香祭拜，不敢直說是為誰，茗煙卻上前主動跪拜，替寶玉說了心裡話。

對於晴雯的死，寶玉也覺得非常難過，希望晴雯死後能成為花神，還寫了一篇《芙蓉女兒誄》。他以細膩優美的語言讚美晴雯高潔的品格。這些都是寶玉能夠不顧忌身分差別，主動站在對方角度所思所想，達成的某種移情效果。

黛玉更是一個身世孤苦、內心十分敏感的人。但她和晴雯一樣高潔，一片純真。雖然她有時會猜忌寶釵，但後來寶釵對她示好的時候，黛玉還是當寶釵如親姊妹，根本沒有顧忌。黛玉與湘雲也是如此，湘雲說起家裡的情況，黛玉感同身受，兩人寫詩聯句非常默契。還有黛玉對香菱這個苦命丫鬟也是一片真誠，教她寫詩也從不擺出小姐的架子。原本香菱是薛家的丫鬟，寶釵明明會寫詩，卻恪守禮教認為這是「不務正業」，不肯放低姿態教她。黛玉愛詩如命，學問也極高，卻對香菱非常認真，希望她循序漸進，最後香菱寫出不錯的詩句，黛玉也很自豪。

性格內向的人能夠站在對方的角度設想，對別人的喜怒哀樂經常感同身受，替別人著想的特質是非常突出的。他們常常設身處地地為別人著想，不管是與好朋友交換思想意見，還是與同事相處共事，都可以取得非常好的效果，成為對方值得信賴和倚重的知心人。

好比賈寶玉憎惡仕途經濟，襲人和湘雲有時稍微勸他結交或應酬一下達官顯宦，寶玉就非常生氣不滿。他不屑於同那種話不投機的人交往，但寶玉絕非冷漠無情、不會打交道的人。例如寶玉對著薛蟠這種紈袴子弟一樣可以有說有笑，也能跟柳湘蓮交往，甚至與妙玉這種完全避世的「檻外人」也可以交心。寶玉顯然並非冷漠的人，他在自己的社交空間裡可以非常暢快歡樂地與人溝通。

❖ 把對方的感受看得比自己還重

內向者在思考的時候會非常安靜，賈寶玉、林黛玉都時常有「入神」、「發呆」的時候，他們不會去打擾別人，也不喜歡別人干擾自己，他們會專注於做某件事。與別人交流的時候，他們也一樣專注認真和耐心細緻，哪怕在細微末節的事情上，都會跟對方產生強烈的共鳴。

一次賈寶玉從大觀園路過，遇到天快下雨，想要趕回住處，卻聽到薔薇架下有人在哭。寶玉湊過去，見到一個丫鬟背著他、用簪子在地上反反覆覆地畫字。寶玉很好奇，照著那丫鬟的筆劃跟著在手心上寫，發現她畫的是一個薔薇的「薔」字。寶玉起初還認為她是要寫詩，在揣摩字句，但她畫了很多遍，單單就是一個「薔」字。寶玉一下就被她的舉動觸動內心，心想：「這女孩子一定有什麼說不出來的大心事，才有這樣個情景。外面既是這個情景，心裡不知怎麼熬煎。看她的模樣兒這般單薄，心裡哪裡還擱得住熬煎。可恨我不能替妳分些過來。」最後天上下起雨了，寶玉和齡官都沒有察覺，等寶玉提醒她時，齡官也以為是一個路過的丫鬟，還說：「多謝姊姊提醒了我。」❼原來這個齡官偷畫的是心上人賈薔的名字，她是賈府請來的戲子，和管理戲班的賈薔心生愛意，但是賈府規矩森嚴，絕對不允許府裡人和戲子有感情，所以心事無法對人訴說，只能偷偷寫著心上人的名字。

這一幕只是《紅樓夢》中非常閒散的一段小情節，但曹雪芹用「點睛」的筆墨寫出了兩個人物的「癡」態。

齡官和寶玉都屬於內向性格，他們對待別人都能產生某種感同身受的「移情」效果，非常傳神。這樣的人就是能真心站在對方的角度、感受其所思所想，關心記掛別人的「知己」，他們往往把對方的感受看得比自己還重。

生活中，不可能指望身邊出現賈寶玉或林黛玉那樣的人物。多數性格內向的人，都有一些類似的特質，只是各人的表現各不相同，有的能做得比較好，有的可能很一般。從生活中交往的細節來看，有些人很會為他人著想。

比如他們有事找人幫忙，出於尊重禮貌，通常選擇發文字消訊息，而不用語音，他們會考慮人家在忙，可能不方便聽。這就是看似非常細微末節，但不一定人人都會注意留心的細節。

內向者的這種處事方式和一般人不同，儘管今天許多關係理論都建議多替別人著想，鼓勵人們與別人相處時要帶著「同理心」。一些圓滑的人憑藉出色的交際能力，看似在這方面遊刃有餘，實則言行舉止中處處透著「套路」。反之，性格內向的人一向真

❼見《紅樓夢》原著第三十回「寶釵借扇機帶雙敲　椿齡劃薔癡及局外」。

誠「交心」，他們可能比較慢熱，也可能比較笨拙、不善言辭，甚至回應比較緩慢，但他們卻是真心誠意地為別人設想，真正設身處地為對方權衡過後才表達的。內向的人不願意進行敷衍的交際，所以，他們的真誠不是「演」出來的偽善，他們作為朋友和知己是能令人對方感到愉悅的。

❖培養同理心、有效溝通的方法

●順應對方的思路，並要「入戲」

與人進行交流的時候，對方是在對你非常信任的情況下，才會滔滔不絕地吐露心聲。因此，作為傾聽者，絕對不能試圖敷衍，要順著對方的話題，全身心投入，既不能輕易擾亂對方的思路，也不要只是一味地回答「嗯、嗯」，需要積極地互動。

●進入對方的情境，促進有效溝通

積極的互動需要觸及對方的思想，不是擰開水龍頭，就任由對方宣洩，也不是像擠牙膏一樣，試探和刺激對方的思維。而是應該站在對方的角度進行溝通，才能促使對方更有效地表達他的真實意圖，甚至可以幫助對方找到解決問題的方案。

5.10 讓思維和想像力自由飛翔

有些性格內向的人，其力量的源泉在內心。內向者的思維世界異常廣闊，想像力也十分突出，很多文學家、藝術家和科學家因此取得了驚人的成就。

憑藉思維的發達和想像力的肆意發揮，他們敢於不斷創造，在內心的世界無所謂成敗得失。通過一次次創造，可以由小變大，由真實變虛幻，由古代變未來，由地球變宇宙，由天空變海底，這種思維活力和創造力是無限廣闊的。

❖ 內向的羅琳寫出了《哈利波特》

著名的《哈利波特》系列作者J．K．羅琳就是一個性格內向的人。❽她是一個從底層奮鬥起來的作家，還沒成名時住在一棟很破舊的房子裡，身上沒有一分閒錢，甚至要靠政府救濟金過日子。過於單純天真，腦子裡充滿幻想，成天想著當作家的女人，似乎太不切實際。於是，丈夫拋下她和剛剛出生三個月的女兒離婚走了。那一刻對年近三十歲的羅琳來說，幾乎是世界末日。為此，她想過自殺，但她還有剛出生不久的女兒，不能一死了之，支撐她的除了自己充滿想像力的頭腦，還有什麼？

羅琳繳不出暖氣費，就跑到小咖啡館看書和寫作，據說當時她身邊常帶著的書是托爾金的《魔戒》。有時連咖啡館也去不了，她就去火車站、地鐵站，總之只要是人多溫暖的地方，她都能待很久。所以，我們在《哈利波特》的故事中看到，哈利出生不久就失去了父母，地鐵、火車是通往另一個世界的視窗，這些幾乎都來自羅琳的親身經歷和支撐她的動力源泉。

羅琳是個很善良感性的人，她用一直喜歡的文字和天馬行空的幻想，找回了真實生活的意義。雖然《哈利波特》描述的是一個奇幻的魔法世界，但充滿了親情、友情的溫暖。失意，往往是人生的開始。最困難的時候，也是最能讓人清醒、最能激發潛力的時候，不光是哈利波特的經歷給人這樣的啟迪，作者羅琳的經歷何嘗不是如此呢？羅琳沒有在生活瀕臨絕望的時候選擇放棄，而是咬緊牙關為了女兒挺了過來，並且依然心存美

❽本節關於J．K．羅琳的事蹟參考《哈利波特的「母親」──J．K．羅琳傳》，康尼．安．柯克著，桑蕾、程芳譯，九洲出版社，二〇〇五年出版。

好。童年時在林子裡遊玩的經歷、某次旅行途中在火車上遇到的小男孩……生活中的林林總總，點點滴滴，不斷啟發著她。

羅琳堅持自己的選擇，在文字中找到飛翔的感覺。她的《哈利波利》系列故事光怪陸離，書中的魔法世界讓人驚歎，各種神奇動物，各種魔法道具，各種善良和醜陋、正義和邪惡……她筆下的人物栩栩如生，深入人心。

《哈利波特》書稿在英國一出版就獲得了很大的迴響，羅琳還獲得了兒童圖書獎。直到二〇〇一年，美國華納電影公司將哈利波特的故事拍成電影，全世界大部分地區都知道了她創造的「魔法世界」。她的作品終於風靡全球，同時她也獲得了從未想像的榮譽，成了世界上最富有的作家之一。羅琳在面對媒體採訪時，從不忌諱提起那段頹廢的時光，她說：「我度過了一段真正艱難的時光，我非常驕傲自己能脫離那種生活。」

所以，羅琳的真實經歷可以給許多內向的人提供借鑒。大多數內向的人都善於從事文字工作或者藝術類事業，他們擅長構思，有時候會把自己的人生理想在內心中描繪成藍圖。正如羅琳後來在哈佛大學演講時提到想像力的重要性：「想像力不僅僅是人類設想還不存在的事物的獨特的能力，為所有發明和創新提供源泉，它還是人類改造和揭露現實的能力，使我們同情自己不曾經受的他人的苦難。」

❖ 想像力必須付諸行動才能落實

但是，內向者必須付諸行動，才能使腦海中的想法發揮價值。他們的藝術細胞源於深刻的內心體會，他們對這個世界深刻的洞察力，必須能夠回饋現實，給人震撼與感動，幫助某些人，甚至是大多數人。否則，再高深的思想都會在現實面前顯得淺薄，只能停留在空想層面的思考沒有價值。

有深度的思維，可以用最真誠直率的方式表達出來，這樣不論是虛幻的還是非虛構的表達往往都不會太差。不僅僅是充滿幻想色彩的《哈利波特》，描繪現實社會的川端康成和三島由紀夫的小說，也都是非常細膩和震撼人心的文學作品。雖然是現實傾向的作品，但他們優美的文字中依舊包含著動人的想像力。

❖ 發揮想像力的方法

● 多多累積藝術經驗

思維的能力往往根植於人生的經歷，不論哪一位藝術家或作家，都離不開豐富的經歷與感悟。只要發揮內向者的堅持和毅力，充分開發自己的思維，或多或少都能有所幫助，但最本質的還是累積見識。

●保持童心

儘管好萊塢大導演史蒂芬·史匹柏已經年過七旬，依然可以保持一顆童真的心態，他製作與遊戲相關的科幻電影《一級玩家》風靡全世界。只要保持一顆童心，對任何事物都充滿好奇，並留心觀察，就可以獲得靈感、啟發想像。

●勇於嘗試，獲得自信

身為一名內向者，應當多多嘗試當眾講話，多去與人交流。雖然有時候會鬱悶和不習慣，但嘗試越多，想像力的刺激才會越多，成功的基礎才能更為堅實。

還是那一句老話，不論自己是否是下一個J·K·羅琳，也不論自己的性格到底是內向還是外向，想要生活過得有意義和充實，都應該擴大思維的廣度，為自己插上想像力的翅膀。

如果內心充滿憂慮和困惑，局限在某個狹窄的領域，思維就容易困守在牢籠中，無法獲得新的經驗支持，人生的前途自然難以開啟。向前一步，心靈和頭腦才會海闊天空。

5.11 內在涵容廣闊的世界

內向是一種與生俱來的特質，原本無所謂對與錯，好與壞。

內向的人一直都喜歡獨處帶來的舒適感，很少交際應酬，但並非因此缺乏對外界的認知和判斷。實際上，內向的人非常關注這個世界，心中的天地非常廣闊。他們雖然喜歡一個人待在家裡，不大喜歡外出，但會觀察生活中的種種細微之處，進行自省與思考，這也是針對外在世界的一種探索。看起來，他們應對社會事務時十分笨拙，但其實他們只是不想在自己不關心的問題上多浪費時間。他們一直在內心中為自己設立種種挑戰，默默地朝著自己的目標努力，雖然背後的汗水不為人知，但他們依舊故我，從不停止思考和行動。當然，有時他們的這種人生態度也會有負面影響，例如跟自己過不去，容易鑽牛角尖。內向的人並非真的不敢走出去，也不是沒有應對難題的勇氣，「運籌帷幄之中，決勝千里之外」，恰恰是對這一類人最好的形容。古今中外這樣的例子非常多，最符合這個評價的當屬諸葛亮了。

❖ 胸懷大志的諸葛亮

三國時期蜀漢的丞相諸葛亮，年輕時隱居襄陽隆中，一邊務農，一邊思考天下大事，靜靜等待時機。諸葛亮自比春秋戰國時期的名人管仲、樂毅，許多長輩好友都看好他的才能。龐士元、司馬徽、徐庶等人皆以「臥龍」比喻諸葛亮非凡的才能。與諸葛亮齊名、綽號「鳳雛」的龐統早早就出山了，他選擇去江東幫助年輕的豪傑周瑜。但諸葛亮一直待在隆中觀察局勢變化，直到落難荊州的劉備找上門來。

諸葛亮雖然本領很大，但他一生謹小慎微，號稱從不弄險。事實上諸葛亮也是一位性格內向的人，他曾經長期隱居避世，除了躲避戰亂外，其實也有不喜歡結交應酬的緣故。只有與有相同愛好和理念的三五好友在一起時，諸葛亮才能無話不談。因為他們全都是見解非凡的高人，能夠與諸葛亮互相促進。所以，諸葛亮前期雖然隱居隆中，但他的目光卻放在天下大事上。

諸葛亮的親友大都居住在荊州一帶，此處正是當時南來北往的中心，相對安寧，人才薈萃，資訊管道相對發達。諸葛亮的姊姊嫁給劉表謀臣蒯越為妻，他的大哥諸葛瑾、好友龐統都在江東，還有一些好友經常出遊，他們都能夠給諸葛亮帶來時局變化的消息。隆中比較安寧，沒有戰禍紛爭，便於諸葛亮安靜思考，謀畫將來。諸葛亮的師友都是各種人傑，與他們交流溝通，也是在鍛鍊自己思維和見識。

當劉備求賢若渴、三顧茅廬的時候，儘管諸葛亮是等到第三次才與劉備見面，但實際上他早已經做好了謀畫和考量。《隆中對》一番侃侃而談，諸葛亮足不出戶就把天下大事分析得一清二楚。對於劉備來到荊州長時間非常擔憂的出路問題，諸葛亮為他做了最實際的謀畫，令劉備、關羽、張飛三人茅塞頓開。劉備真誠相邀，內向的諸葛亮難以拒絕他的真心。劉備為漢室後裔，渴望中興漢朝天下的理想，的確符合諸葛亮施展平生抱負的志向，因此，他才決定出山。

之後諸葛亮把握機會，親自與魯肅下江東為劉備聯合孫權。《三國演義》小說中寫諸葛亮舌戰群儒，一一駁斥江東的文臣，還當眾說服孫權，這都是對其謀畫的考驗。諸葛亮按照《隆中對》的方案，用深思熟慮抵抗曹操的策略，說服了魯肅、周瑜、黃蓋等一眾不甘心投降的江東豪傑，最終讓孫權答應聯合劉備，共同抗曹。

先說服劉備同意他對未來發展的規畫，然後說服孫權與劉備聯合，抵擋曹操吞併南方，最終為實現三分天下而奠定基礎。若從諸葛亮實現抱負的角度而言，從諸葛亮答應輔佐劉備，到幫劉備當說客，對於初出茅廬的他來說，實際上是經歷了兩次極為重要的

「面試」。實現孫劉聯合，正是他醞釀已久的預想方案，因為諸葛亮經過多年對天下大事的仔細分析，包括對當時各地軍閥的一一了解，仔細考量了劉備和孫權誰更加符合他的要求，最後他才定下了幫助落難在荊州的劉備，拉攏有相當勢力的孫權作為盟友的計策。顯然，諸葛亮順利成功了。

❖ 把握機遇的方法

內向的人掌握外在世界的途徑和方法有自己的特點。諸葛亮在一千多年前都能透過自己的方式了解天下局勢，甚至各地軍閥的為人品性；今天人們處於資訊爆炸的年代，對全世界的了解更是不在話下。所以，只看內向的人是否愛好交際並不實際，他們對生活與事業的未來有自己的準備與考量，一旦時機成熟，他們自然會跨出來，邁向屬於自己的世界。

● 結交志同道合的朋友，有助於了解自己

俗話說，同人交談如同照鏡子。內向的人真正深入交往的一般都是非常要好的朋

友，那些了解自己的人。透過和朋友溝通，他們可以弄清楚自己的思想，也可以觀察自己的劣勢。不論愛好、職業還是未來方向，有別人的優點作為參照，自己也會清晰地知道該如何調整。

●內向不等於足不出戶

適當外出旅遊，參與一些自己感興趣的戶外活動，都是內向的人了解外在世界，進一步思考人生或社會的方式。在特定的環境下，他們可能會比較放鬆，透過與外在世界的接觸，內向的人可以更加清晰地改善自己對前途的規畫。

●抓住機會

有一種很現實的觀點：「機會是給準備好的人」。不論內向還是外向，當找到自己的人生目標、需要勇敢前進的時候，必須要有充分的準備迎接挑戰。當需要勇敢地把握機遇的時候，內向的人可能會感覺緊張不安，對此，他們可以在適當的時候提前訓練預備，全身心做好應對困難的準備。

其實內向的人，一般都會琢磨多種應對之道。即使出現失誤，也並不是對個人能力的極大否定，而是意味著成長機會的到來。只要能不斷地從中學習，就一定可以順利地邁出那一步，成功找到屬於自己的世界。

5.12 一直很安靜

❖ 需要獨立思考的空間

性格內向的人需要獨立思考的空間，這從很多人小時候就表現出來了。好比一些親友到家裡做客，若是不熟悉的話，小朋友就會立馬躲到自己的房間，這被家長視為害羞怕見人，有時候還會被一些大人誤認為不禮貌。其實，這是內向者具有的普遍特質。他們喜歡安靜獨處的私人空間，這讓他們感到安全和舒適。對於比較熟悉的小朋友，或者關係要好的同齡兄弟姊妹，他們一般都會很親近，一起玩耍淘氣，毫不羞澀。

內向的人更喜歡安靜獨處，即使有時出門在外，他們也偏好選擇安靜的環境待著，如圖書館、咖啡廳、電影院等。總之，是能讓自己長時間待下去的安靜處所，方便他們做自己的事情，比如看書、用電腦工作或者與親近的朋友聊聊天。

喧鬧的KTV或人多嘈雜的聚會、演唱會，內向的人通常都不喜歡。在那種環境下他們會覺得壓抑難受，會想找地方呼吸新鮮空氣。內向的年輕人，如今最害怕的可能就是逢年過節和親戚吃飯聚會。家中長輩召集一堆親友聚在一起，表面上大家熱熱鬧鬧難得一聚，可是話題經常讓年輕人不舒服，統統都是談論前途、工作、婚姻、孩子……這種家庭聚會的場面令人非常尷尬，會讓性格內向的人抗拒反感，甚至連參加都不想參加。可礙於情面，這種聚會又很難推辭，因此，內向的人往往十分痛苦難受。

喜歡獨處除了有某種天生因素外，還是因為安靜的環境的確能幫助內向者冷靜思考，修身養性，陶冶情操。這有助於個人的成長和心理上的成熟穩重，很多內向的人都很有魅力，例如迷倒萬千少男少女的梁朝偉、金城武等都是性格內向靦腆的人。

❖ 沉默卻迷人的梁朝偉

梁朝偉是出了名的沉默寡言、不善言辭。❾父母離異讓童年的梁朝偉心裡受到了巨

❾本節梁朝偉事蹟參考《男人梁朝偉》，葉濤著，北嶽文藝出版社，二〇〇五年出版。

大刺激，變得不愛說話，內心充滿自卑感，性格也越來越內向。讀書上學他基本上都獨來獨往，在學校也沒心思結交朋友，最後連學都不想上了。

梁朝偉因此變得非常敏感多疑，一旦有同學提到家庭，他就會非常暴躁，還和同學打架。他也非常不喜歡這樣，最後索性離開了學校。那時候，梁朝偉只有十五六歲，正值青春期，叛逆心理很重。為了生活，他幾乎什麼都做，比如擺地攤賣貨、商店售貨員、推銷員、送報童。

那些臨時性的工作，性格內向的梁朝偉每次做都不長久。在街上混了兩三年後，他被一個非常想當演員的朋友拉去電視臺的演員培訓班參加考試，這個朋友的性格與梁朝偉非常相像，他就是眾所周知的周星馳。

電視臺的藝人訓練班前前後後出來的大明星，幾乎占據了香港演藝圈的一大半，可以說星光璀璨。梁朝偉與其同時期的劉德華、黃日華、苗僑偉、湯鎮業一起，被公認為八〇年代影視界當紅的「無線五虎將」。

●零負評男神

梁朝偉自小就喜歡安靜獨處，成績一直很優異。如果不是因為家庭變故，他根本不會放棄學業。在電視臺訓練班時，他同樣被老師認為極有天分，並被多次稱讚。一九八四年，梁朝偉出道第一部戲就和劉德華合作了金庸的《鹿鼎記》。在演電視劇時期，梁朝偉幾乎沒演過配角，全是男主角。而影迷都知道，周星馳、劉青雲、吳鎮宇這些同時期的明星，都曾在一九八三年版的《射雕英雄傳》中當過龍套演員。

對於性格內向的人來說，喜歡安靜並不意味著無法適應社會，無法獲得表現的機會。敏感的心思和鑽研的思維能夠幫助他們做好充分準備，一旦遇到機會就能夠更好地把握。這樣的人也並不是不能夠與人打交道，就像從影三十多年裡，與梁朝偉合作過的人成百上千，幾乎都對他沒有負面的評價。

梁朝偉雖然沉默寡言，卻是一個非常注重細節、情商極高的人。據說不善言辭的他如果惹劉嘉玲生氣，還會寫道歉卡片給她。有一次，劉嘉玲參加《女人有話說》節目時提到他們家裡有一個櫃子，裝了一大疊梁朝偉的道歉信。每次因為什麼事惹她生氣了，梁朝偉就寫一封道歉信。這是梁朝偉出於性格因素，善於注重細節的行動體現，主動道歉，既可以哄老婆開心，又顯得自己大度、浪漫。

❖獲取平靜的方法

●讓心靜下來

內向的人喜歡安靜，是因為這樣可以讓自己做好某一件事，思考一些問題。這種感覺能夠幫助他們完全投入，提升自己的專注力，訓練自己的思維。一旦沒有安靜的氛圍，心思就會浮躁，在生活中和職場上都會很被動。對此，應該學會調節情緒，讓自己無論處於什麼環境中都能專注，不要過分依賴客觀環境。

●避免過度焦慮

內向的人在安靜的環境下，容易發揮自己的創造力。但環境的安靜不是目的，讓內心保持安寧才是通往成功的方式。如果因為某種壓力和情緒感到焦慮不安，一味尋求安靜的環境放鬆，只是治標不治本的方法，事實上自己的內心並未獲得真正的充實與平靜。總是依靠外界影響，而沒有強大的精神力，是沒有辦法改善自己性格的。

●不刻意求取回報

保持心緒安寧、平靜聽起來像一種禪意的生活方式。內向者心思容易受到外界擾動，想要達到寵辱不驚、泰然自若的境界，就需要不斷歷練。堅持走自己的路才能真正帶來力量，反之，無法獲得平靜的內心，又如何獲得成功的能力呢？

PART

3【突破篇】

內向，開啟更廣闊的未來

第六章

從心出發，點燃內動力

6.1 訂個小目標，重建自信

現代社會是以商業經濟主導的外向型社會，推崇競爭與合作，侃侃而談的外向者獲得成功似乎更加容易。但是，內向的人不是不能透過內向者潛在的優勢，走出另外一條路，人生也不會限定只有性格外向的人才能獲得成功。

內向者要跨出的第一步，就是坦誠面對自己，不去羡慕他人。藉由認真的思考，接納自己喜歡獨處、喜歡安靜的特點。他們可能不大擅長參加聚會，不喜歡與陌生人交往，但當充分了解了自己的長處和短處，就不會刻意強調自己性格的負面，然後才能思考如何讓自己更好地融入現實社會。

自信是人生發展的奠基石，擁有自信的人不僅人格更為完善健康，在自我事業的發展中，他們也會比同年齡的人表現得更為出色與優秀。中國古話說「自知者明」，**內向的人大都深知自己的缺點，但往往無法意識到自己的優點**。他們一般很難把自己的優點與外界的生活和工作連結起來，對於自己和外界之間有不準確的判斷。

❖建立自信需要先客觀評估自己

為了體現自信，對自己的能力過度誇大或者陷入假性謙虛，都無益於人格的完善與發展。自信一般是針對過去的經歷，能夠看清自己的價值，同時也能了解個人的缺點和不足。自信的人對自我的認識是完整的，而不是片面的。

性格內向的人要想樹立自信，應該將他人的優勢與自己的優勢進行權衡。既要懂得欣賞他人，也不刻意貶低自己，在心理平衡方面需要特別慎重。自信的人對他人的欣賞與尊重是發自內心的，同時，他們也會希望以平和的心態和他人交流學習，並能夠以正確的眼光看待每個人的優點，透過截長補短，獲得成長。內向的人可以藉由觀察、交流深入他人的內心世界，以客觀的心態和別人分享經驗，互相激勵，以真誠的態度獲得別人的認可，來提升自己的自信。

為了獲得自信，有些人會誤以為必須要學習性格外向的人，透過種種方法變成外向者，這又是另外一個誤解。

❖不需要刻意變外向

有個寓言故事是這樣說的：有個農夫養了一頭驢子和一隻狗。驢子每天隨著主人早出晚歸辛苦工作，卻總討不到主人的歡心。而家裡的那隻狗，只需要每天守在家門口，到了晚上在主人回家時搖頭擺尾，主人就會開心地抱起牠，還把好吃的留給那隻狗。驢子心裡實在不痛快，決定要改變自己。

驢子決定向狗學習，白天裝懶呼呼大睡，守在家裡不肯出去工作。等到主人晚上回來時，驢子精神大好，馬上撲上前去，像狗一樣舔主人。驢子的行為不但沒有讓主人喜歡，反而讓主人以為牠瘋了：不工作也就算了，現在還來攻擊我！於是主人拿了獵槍，扣下扳機。無知的驢子，無辜地一命嗚呼了。

顯然，這個故事說明了每個人都有自己的本性，需要用理智的心態來面對自身的不完美。內向的人有時候需要修正一些個人問題，但過猶不及，沒有必要強行改變自己的性格。

❖訂立目標，慢慢做出調整

我的一位中學老師和我們說過自己的故事。這位老師原本不善於與人說話，她之所以選擇唸師範學院，只是因為老師的工作比較穩定，還有寒暑假。然而，要當眾滔滔不絕地說話，對她來說卻是一個大難題。為了改善這個缺點，她報了一個演講培訓班，想訓練自己當眾講話的能力。第一天上臺講話，她半天說不出一個字來，只說了幾個字的自我介紹，很快就衝下講臺。她一度以為自己沒辦法學完這個課程，因為站在那麼多人面前講話，那麼多雙眼睛盯著她，簡直就像下地獄一樣煎熬。

後來她藉由培訓班的課程訓練，結合自己的文字功底，把每次上臺練習講話都當作是一次演講，提前準備好草稿。每次上臺前，她都在腦海中專注地回想寫好的底稿，盡量拼湊出比較流暢的語句。隨著不斷的練習，她不再像第一次那樣緊張得說不出話，還因為提前準備和熟悉了稿子的內容，順利地完成了演說。雖然她的心裡還是有點緊張，但那種緊張感卻恰到好處地激發了她的潛能。

最後在培訓班課程結訓時的演講比賽上，這位老師還拿了第二名，此後也順利走上了教學崗位，每次都能很自信地站在講臺上，流暢地完成一場幾十分鐘的課程。這個學習的過程讓她意識到，人的性格並不是前進的阻礙，可以透過制定目標，促使自己做出調整，就像她參加訓練講話的培訓班。只要努力堅持，即使性格很內向的人也一樣可以變得越來越自信。

內向者對接觸外人、說話演講、參加聚會等都很謹慎，因為他們害怕在交流溝通的時候說錯話。一旦說錯話，他們會不停地想來想去。有時候，內向者還會責怪自己說：「我真的是太魯莽了，下次千萬不要再當眾說話了。」如果這種想法在腦海中占了上風，那麼會漸漸成為性格的障礙，可能會越發缺乏自信。如此一來，就很難應對工作中的挑戰，甚至無法適應團隊合作了。

❖自信來自一件件小事的積累

只要從身邊的一些小事做起，耐心地多花一些時間，內向者就可以提高自己的信心。例如在公司，應該主動與附近的同事交流，多參加同事間的聚會，多發表意見，哪怕暫時不喜歡，也要盡量多嘗試，並且要避免給自己太大的心理壓力。

從同事間的簡單相處，到參加工作會議和社交活動，再到客戶之間的交流，逐漸擴大自己的人際交往圈，逐漸把目標提高，一個階段一個階段地進行，相信不到一兩年就會有較大的突破，內向者的自信心就能有極大程度的提升。

性格內向的人怎麼追求異性？

舉個日常生活中的例子：性格內向的男生怎麼追求女生？相信很多人爲此相當苦惱。因爲他們本來話就不多，遇到喜歡的女生便更加緊張不安。

●用實際行動代替甜言蜜語

內向的人往往十分細心，會體諒人、照顧人，那麼就應該發揮所長，用行動表示，讓對方產生好感。不要只有在嘴上對女生說甜言蜜語，卻沒有用具體的行動做出表示。

比如吃飯時貼心地幫對方遞筷子、倒茶，買東西時貼心幫忙拿東西、撐傘，外出遊玩時遞紙巾、溫馨接送……實際的行動才能讓對方感到溫暖。

●內向暖男反而有優勢

一般性格外向的男生只會讓女生覺得有趣、聊得開，但他們卻不容易和女生進行深入的溝通，從這一點上來看，性格內向的人反而有優勢。他們心思細膩、善於聆聽，在女生心情煩悶、想要找人談心的時候，可以靜靜地當個傾聽者，這正是性格內向的人最擅長的。

6.2 安靜，讓生命更充實

多數成功者都有一些共通的魅力，例如沉穩、果決、有毅力等。其中有些內向者並非不敢說話或者不愛說話，他們只是盡量避免無用的社交，習慣安靜的環境，認為留在私人的空間裡，更能專注於自己感興趣的事情。因為這種專注的性格特質，內向的人才能夠集中精神進行學習和研究，才能表現出不俗的專業能力，使他們的人生顯得有意義，並且過得非常充實。

多數人並沒有真正全面了解過內向性格，一些內向的人甚至也對自己的真實性格一片茫然。他們享受獨處的安靜，通常喜歡靜靜讀書和做一些思考。他們更願意與自己的內心對話，關注自己想要什麼，思索如何實現目標。例如微軟的創始人比爾・蓋茲，他用自己非凡的見識讓微軟名揚天下，打造了一個傳奇王國。所以，性格習慣並不一定就是缺陷，內向的人喜歡安靜，其實更有利於發揮專長，能夠讓他們在自己的世界裡光芒萬丈。

❖ 環境影響性格的沉澱

內向的人一般不喜歡十分喧鬧的環境，渴望在某一領域有所成就的人，都會在做事的時候高度專注。他們習慣進行深度思考，工作和生活中都很沉穩幹練。如果沒有足夠安靜的環境，他們可能很難做好事情，因為他們所從事的往往是專業性很強的工作。在事業上取得輝煌成績的人，都具有敏銳的觀察力和驚人的執行力，他們通常有獨特的思想體系和思維方式，充滿自律且自控，是最值得信賴的夥伴。

大多數性格內向的人往往喜歡星巴克，而不是肯德基。這並不是因為他們更愛喝咖啡，而不喜歡吃炸雞，而是環境因素造成的。咖啡廳相對更安靜，沒有人干擾。他們在這種地方看書、上網，甚至學習和寫作，都能夠讓自己心態平和、充實安寧。不管自己未來的成就是大還是小，他們都會提升自己的知識面或某種技能，不希望自己被一些外在因素影響，也不會帶著功利的心態生活。內向的人喜愛安靜並不是目的本身，而是他們可以通過這種方式讓自己找到人生的意義和價值。

❖最有價值的人，不一定是最能說的人

傳說有個小國到中國進貢，貢品是三個一模一樣的金人。皇帝見到後很高興，可是這小國的使者卻出了一道難題。使者的問題是：「這三個金人哪個最有價值？」三個金人形同一個模子裡刻出來的，重量也完全一樣，哪有什麼區別？何談價值的高低。這可難住了皇帝，他心想，自己泱泱大國若是被小國的題目難住，豈不顏面盡失，遭世人恥笑？於是皇帝心急如焚，寢食難安。他請來珠寶匠對這三個金人進行檢查，稱重量、看做工，請他們仔細鑒定，希望找出差別。結果卻讓皇帝更加失望，所有人的答案都是：三個金人一模一樣。於是，皇帝召集眾大臣商量對策，眾臣面面相覷，毫無辦法。這時有一位老大臣說他有辦法，皇帝眉頭一展，立即將老大臣和使者請到大殿上來。老大臣胸有成竹、不疾不徐地拿出三根稻草。只見他將第一根稻草插入第一個金人的耳朵裡，這稻草從金人的另一邊耳朵出來了。他將第二根稻草插入第二個金人的耳朵裡，稻草從金人的嘴巴裡直接掉了出來。而第三個金人，在老大臣把稻草插進它的耳朵後，稻草便掉進了肚子裡，什麼響動也沒有。老大臣說：「第三個金人最有價值。」使者無語，答案正確。

這個故事看似有點玄妙，卻說明了嘴巴和耳朵是虛的，唯有心是實的。其實它告訴了我們一個再通俗不過的道理：**生活中很多事該說的才可說，不該說的不要說；而最有價值的人，也不一定是最能說的人，而是能守得住祕密的人。**所以，真正有本領的人，多是善於傾聽和思考的人，這些人在生活和工作中都喜歡安靜的環境，讓他們能夠專心致志地做自己喜歡的事情。

❖ 充實自己，也要注意時間管理

內向的人不喜歡將時間浪費在社交應酬，習慣進行有效的日程管理，這恰恰是他們的典型特質。如果善於利用這個優點，內向的人就更加能夠充實自己的知識和技能。即便不做科學家、藝術家或者政治家，也可以在其他行業中勝任工作。

內向者喜歡待在自己的舒適圈，喜歡宅在家裡，常常被認為是性格缺陷，甚至一些內向的人也會自認為不好，這可能是因為他們沒有找到真正值得自己投入的事情。如果找到了目標，不論是學習、讀書、寫作、實驗或練習某一種技術，就可以讓生活充實起來，不會再無所事事。每個人的生活和工作都需要勞逸結合，想把自身愛好發展成為另外的副業，最重要的還是要做好時間管理。

每一個人都需要有效的時間管理，最好是七三比，七〇％的時間努力進行自我增值，三〇％的時間不要抱有任何幻想，持續社交，才有機會讓新鮮的人事物湧進生活中。

做好時間管理，能在各種繁雜的事務中化被動為主動。

年輕人工作都很繁忙，看似找不到時間提升自己。其實，在日常工作之餘，盡量減少無效的娛樂，避免在床上或沙發上玩手機，就可以擠出很多時間來充電。哪怕是在家花半個小時打掃，做做家事，也可以當作鍛鍊身體，同時還可以靜心想想事情，勝過在網路上浪費時間。

當一個人在無事可做的時候，往往最容易陷入舒適的假象當中。今天的年輕人很容易把工作勞累當成藉口，回家以後得過且過。從每一天到每一週，再到每一個月，日積月累，往往就把很多能夠提升自己的獨處時間浪費了。

6.3 向內挖掘，活出人生的深度

性格內向的人大多專注於自己喜歡的事，他們會從自身理想的角度出發，盡力將這件事完美地呈現出來。他們習慣做自己擅長的事，由於明確的目標導向性和堅持不懈的韌性，這樣的人往往會呈現驚人的爆發力。

❖ 看見本質的洞察力

內向的性格特質會促使人們用心專注，挖掘事物的深層本質。這種性格特質的人精於分析、善於思考，這些特點不僅不會造成阻礙，反而有助於成功。

大部分性格內向的人只要善於運用性格特長，在自己喜愛的事業上發揮智慧，謹慎思考，專注於分析和應對種種問題，往往能夠獲得成功。投資大師巴菲特就是如此。當華爾街的其他公司都面臨破產時，他卻能憑藉對金融行業多年的敏銳觀察，精准地分析市場走向，最後絕地重生。所以在某些時候，正視並且相信內向性格帶給我們的力量，反而能取得成功。

❖ 安心做個內向的人

可能很多人會認為，成功者是練就了非凡的特質才得以成功。但生活中大多數內向的人，似乎很難發掘自己超越常人的優勢。他們安靜獨處在私人空間，只向熟悉的朋友表現隨意自在的一面，對寥寥數人才能敞開心扉，說一些比較深入的話題；在人多的公眾場合就會非常安靜，和大家保持距離，哪怕是工作中的同事，也需要很長一段時間才能熟悉。

事實上，身為一個內向的人，沒必要一味地追求安靜舒適的環境，總是覺得自己只有圖書館、咖啡廳這些毫無噪音的地方才能工作。如果心志堅定，無論外界多麼紛擾，自己都可以保持專注，就可以更好地發揮自己性格的長處。

換一個角度來看專注於內心的問題，比起外向的人，內向的人做事細心，善於觀察，喜歡深度思考，富有同理心，在工作中更能尊重他人的實際需求，與下屬進行恰到好處的互動，更能在帶領團隊的過程中展示出獨特的領導力。假如他們能專注地把心思用於自己的工作上，就能做出很好的成績，成為團隊的核心人物。只要做好自己，內向的人成為成功人士也沒有什麼好奇怪的。

❖成為自己人生的主角

英國歷史上偉大的首相邱吉爾，曾經也是個性格內向、甚至說話都有點結巴的人。邱吉爾很想改掉這個缺點，他曾在課堂上立志「我要做個演說家」，卻遭到同學的嘲笑。可他並不理會旁人的冷嘲熱諷，繼續在學校日復一日專注練習，用心做自己夢想的事——練習說話和演講，最終這個內向的少年在第二次世界大戰中憑藉慷慨激昂的演講，鼓舞了成千上萬的人，並且成為英國軍民的精神領袖，並被BBC選為有史以來最偉大的英國人之一。❶

儘管你我終其一生或許都成不了像邱吉爾那樣的偉人，但在生活中，我們可以窮盡力量做好自己，充分挖掘自身的潛力，塑造自己最好的一面，打造無人可替代的核心競爭力，成為自己人生的主角。通過對內向性格的正確認知和不斷調整改善，一定會逐漸取得進步。

❶見《邱吉爾傳》，吳慧穎編著，遼海出版社，一九九八年出版。

第七章

交往有道，提升溝通力

7.1 不要讓舒適圈限制了你

現今社會的人際關係非常複雜，導致很多人都會透過網絡發洩情緒，也會通過網路發展一些人際關係，來迴避現實的交往。性格內向的人更容易產生安於現狀、止步於固定的人際網絡的心理。內向的人是不是很難跨越「舒適圈」這個牢籠呢？

這種情況是一種「情緒化短視」，儘管現實生活的確存在各種不理想的情況，也容易帶給人們各種負面的情緒，但《論語》中說的「君子和而不同」是很有道理的。我們的人生畢竟是透過不斷與人打交道而走下去的。不論交往媒介是什麼，都應該以平和的心態去表達，去溝通。即使有時候與別人的意見相左，也不要情緒激動、退縮畏懼，產生不願意跨出舒適區的心理。我們經常會在與外界接觸時感到失望、遭遇不順，但不能因此產生只願意待在自己的小圈子裡的想法，否則內向的性格就難免朝著極端化的方向發展，成為病態。

❖試著跨出舒適圈

進入新朋友的圈子，你不會很快就精通某個全新領域，但你要用心留意這方面的東西。❶你要先找到自己的位置，多聽、多看人家都在講什麼，看到不懂的問題，要馬上查清楚，想辦法去了解。一般人一聽到對方說專業術語就覺得沒辦法對話，但其實你可以做一個稱職的鼓掌者或傾聽者，為別人打氣喝彩。或者，我們可以找一些彼此可能都會關注的話題，比如明星結婚的新聞、最近走紅的電視劇，或者有關健身的話題。這些話題大眾普遍都能夠接受，因此若想交朋友、進入不同的圈子，不妨多多累積一些話題。

❶見《天下沒有陌生人》，劉希平著，北京聯合出版公司，二〇一七年出版。

內向者的內心小劇場

「主動去跟人家打交道，是不是會顯得我比別人低一等？」

大部分性格內向的人都會說自己不太會社交，不敢跟別人說話。這樣的人應該如何擴大社交圈，該怎麼破冰呢？

● 主動打招呼，不要擔心被拒絕

有些人怕被拒絕，或者有這樣的想法：「主動去跟人家打交道，是不是會顯得我比別人低一等？」這種心理障礙絕對要消除！去參加社交聚會，每個人都希望能多認識一些人。你跟人家打招呼之後，人家可能會覺得跟你行業不同，跟你的個性不同，或者想去認識一些別的人，於是他們跟你講一會兒話之後，可能就去跟其他人打招呼了，這是正常現象，沒必要覺得自己被輕視了。如果發現跟你談話的對象要去跟其他人聊天，不用覺得不舒服，你也可以去找別的人說話，或者去做別的事情，派對本來就是結交朋友的地方。

●做好功課，尋找話題

有時候你可能會感覺和對方沒有共同話題。其實想要結交更多朋友，需要先讓自己升級，平常多看一點書，多學點東西。比如說在參加活動之前，先要了解一下活動的主題，這樣就會知道該怎麼去跟別人講話了。

●注重禮節，熱心服務

面對不熟悉的陌生人，誰都不可能一下子就把關係拉得很親近。如果普通的學生或年輕人要認識一些有成就的成功人士，表現出適當的尊重和客氣是必要的禮貌，不能一下子就表現得好像跟對方很親近，而是應該保持一個適當的距離。作為普通人或者晚輩，在聚會或派對的場合幫對方斟茶倒水，人家喜歡吃什麼幫忙夾菜，這些做法都能讓對方感受到尊重。注意到對方可能有的需求，為他們提供一些服務，這些貼心的小動作會讓別人覺得你是一個注意細節的人，覺得你很細心。如果你藉由多參加活動，學會怎樣招呼別人和如何與人交流，以後與人交往時，大家自然就會很快喜歡你這個朋友了。

7.2 話不在多，有用則靈

朋友或同事之間要維繫長時間的交往與合作，需要大家十分融洽地交流溝通，彼此之間要有一些默契。性格內向的人往往話不多，但只要雙方彼此相互理解，他們的話總是能夠說得恰到好處。

內向者喜歡選擇與自己個性理念一致的朋友，他們希望雙方能夠聊出火花，獲得彼此的認同。如果不是志趣相投的人，內向者往往很難展開流暢的對話。他們的確會表現得話很少，甚至會讓人誤以為態度敷衍、不尊重說話者。

❖ 說話避免過於直接，注意變通

內向的人與人接觸交流時，很難做到求同存異。有時候迫於壓力，他們會表現出直來直往的個性，用缺乏變通的方式，不給對方留迴旋的餘地。比如上司說：「今天下班前必須拿出給客戶的修改方案。」如果你直接表示「做不到」，雖然簡潔明快，但身處職場，這樣做毫無疑問是不合適、也是不明智的。

如果經過思考，選擇某種變通的方式，你可以對上司說：「一天的時間太緊張了，會議上提出的一系列修改建議，要進行複查和核對，給客戶的預算和細節都要一一落實，這都需要時間，我明天之內交出來，您看可以嗎？」

因為改善一個專案的確需要很多的準備工作，一天確實是有些強人所難。但是你提出拒絕的同時，應該說出合情合理的理由，更重要的是你要交代完成任務的時間，而不能只表達「不行」和「做不到」。**當前很多年輕人之所以會讓主管和上司不滿意，是因為他們只顧及自己承受的壓力，只想要逃避麻煩，而不會主動思考和提供解決問題的方案**。在這種情況下，內向的人如果還保持寡言少語的個性，就會讓人誤會你的工作**態度不好**，就容易造成誤會和矛盾。

●拋開內心假設，如實表達即可

在社會上與人交往時，內向的人一般不會輕易對他人表達自己的真實想法，因為他們很在意對方是如何看待自己的。所以，內向的人要想在社會上從容應對，最根本的是需要**增強自己的實力**。內向性格的人本質上並不是害怕談話溝通，只是對自己能否準確溝通、能否展現出高素質和專業性等方面不夠自信。他們對自己的表達非常敏感，並且有著高標準和嚴格的要求。

對於同行前輩，他們不想唯唯諾諾，很希望表達自己的想法，但又不敢輕易展開對話，很顧慮自己的表達不正確。其實，有時候不必想太多，只要帶著學習請教的態度說出自己的意見就可以了，不用刻意去迎合對方，也不用非要堅持自己在一些人面前「平等對話」，請教本身就是專業的交流，也是學習的好機會。

性格內向的人在交流時更喜歡言簡意賅，認為只要把意思說明確就好。如果有時給他人造成一些不愉快，也並不是故意要對方難堪，而只是想直接給出有效的答案。

❖ 拒絕別人，但不引起衝突

有時候工作太忙，拒絕同事的要求是很正常的，但要是朋友之間說拒絕就有些難以開口。內向的人一般十分在意和朋友的關係，碰到朋友提出要求就難以拒絕。在一些情況下，你確實心有餘而力不足，幫不了對方就應該直接說出來。可是有的人覺得應該照顧朋友的面子，便敷衍地說「我試試看」或者「我幫忙問一聲吧」。當時給了對方希望，但其實你並沒有打算幫忙，或者的確是幫不上忙，後面再回覆說「真的不行」的時候，只會讓朋友空歡喜一場。

遇到這種情況，出於朋友的情分就不應該敷衍，最好直接和他講「這事不妥」，或者直說為什麼幫不上忙，是能力不夠、還是不合某方面的規矩等。簡單明白、坦坦蕩蕩地拒絕，這才是對朋友以誠相待的態度。也許有些人會認為，敷衍的話不會令對方尷尬，但是朋友之間的承諾，是獲得對方信任的基礎。人際交往的核心應該是人的品格，這無關性格，你只需要確保人前人後言行一致，不要兩面三刀，就能讓人覺得你是個值得交往的朋友。

● 表達感受，並回應對方的情緒

除了朋友之間的問題，還有最敏感的處理矛盾衝突的問題。內向的人如何出言謹慎才能溝通順暢，應該怎樣做才是真正為對方著想呢？

一旦發生問題，如果錯誤是在對方，你直接質問：「你不也有錯嗎？」肯定會激化矛盾，還可能讓對方的情緒和行為失控。為了獲得最有效、最優質的交流體驗，**不妨向對方表達「我的感受」**，而不是單純地指責。你可以先聲明「這件事情也讓我感到很難受」，當對方情緒發洩後，不要急著為自己辯解，因為這時候對方正在氣頭上，你要做的不是解釋問題，而是**回應他的情緒**。

當今社會上的一些年輕人，因為在工作中忍受不了各種人際問題，稍有不順就跳槽離職。不少人心裡其實都很明白，頻繁跳槽對自己並沒有太大的好處，但現在的年輕人都很衝動，**不善於控制情緒，也受不了複雜的人際關係，更不願意設法解決各種職場麻煩**。尤其是面對上司的責備和批評時，會不由自主感到委屈，以致衝動頂撞，辭職了事。

心理學研究指出，有時在無意識的狀況下，人的情緒系統也會自動做出反應。哪怕是在我們還不清楚原因之前，情緒系統也會採取行動。這就是為何人在情緒爆發的時候，往往會感到頭腦一片空白的原因。因為那時頭腦只是憑藉激烈的情緒對突發情況做出自動的反應。

● 找到共同目標，自然會出現雙贏的對策

在職場中，如果你和對方意見不同，產生了衝突，不該衝動急躁，而應該先找到雙方共同的目標，找到彼此一致的利益，這才是最重要的。當然，人和人之間確實難免有分歧，如果大家一直都堅持自己的立場，不願意讓步妥協，共同目標就沒法達成了。

舉個生活中常見的例子，比如在男女朋友或者丈夫妻子之間，每次過年要在哪裡過的問題，常常會是一個爭執的點。其實換一種思路，可以先不要討論是在婆家過還是在娘家過，需要明白癥結點在於，大家的目標是維持兩個人長久的關係，先確定了這個共同的目標，再想辦法解決分歧。雙方可以一起來找出解決方案，比如今年夫家過，明年妻家過；春節的前幾天在夫家過，後幾天在妻家過；元旦在夫家過，春節在妻家過；或是夫家和妻家在春節一起出來度假……只要雙方稍微有所妥協，你就會發現其實有不少可行的解決方案。一旦找到緩和的臺階，就可以順理成章阻止對方因爭吵而情緒失控。

7.3 說話也是一門學問

❖ 中止負面循環

一棟房子如果某扇窗戶破了遲遲沒有人去修理的話，過不了幾天，房子的其他窗戶也會莫名其妙被人打破，這種現象在心理學上稱為「破窗效應」。❷這就是說：第一扇破窗如果不及時修理，惡性的結果就會擴大下去。

我們在生活和職場中與人溝通時，其實常常會遇到這種破窗效應。由於話不投機或不善表達，在聚會交流或者議事談判時，難免會出現冷場或者僵局，這無疑是任何人都不想經歷的糟糕情形。萬一出現類似的情況，作為主動對話的一方就需要**快速打破尷尬**，使談話氛圍重新和諧起來，避免交流被繼續破壞。

對於經常遲到的員工，老闆十分生氣，脫口就是一句：「不想幹了就給我滾蛋！」而員工也很倔強，想也不想就回一句：「走就走，有什麼了不起！」於是，就因為幾次遲到，就因為一次溝通障礙，一位老闆可能就會失去一位能力還不錯的員工，一位員工也可能失去了適合自己的工作，這就是典型的破窗效應。

內向者，別再當尬聊的句點王

「今天天氣好冷啊！」「嗯啊。」「……」

性格內向的人在生活和工作中，雖然出於謹慎，言語表達不多，但有時候也會和他人出現言語衝突；話不投機的情況在他們的經歷中也很普遍。那麼，內向的人如何化解交流中可能出現的冷場和僵局呢？想太多並不是問題，重點是哪些才是有用的溝通方式呢？

❷ 破窗效應（Broken windows theory）是犯罪學的理論，由詹姆士．威爾遜及喬治．凱林提出，刊於《The Atlantic Monthly》一九八二年三月版一篇題為〈Broken Windows〉的文章中。

開放式交談

比如在一次聚會上，一般話題可能從天氣開始。假如你說：「今天天氣好冷啊！」對方通常都會回：「是啊！」一問一答，這一輪對話到此結束。然後呢，你拚命在想接下來聊什麼，這就很容易造成冷場，對不對？因為這是一種封閉式的交談法。如果選擇開放式的交談，你可以說：「最近天氣好冷，流感擊倒了我們公司一票人，你們公司情況怎麼樣？」對方不會再用簡單的「是」或者「不是」回答，一般得說說公司人員的情況。等對方回答完，你就可以順勢聊聊工作壓力、辦公環境等發散性的話題，了解對方感興趣的話題後，就能將話題延續下去。

避免冷場最好的方法，就是盡量創造機會讓對方多說。只要對方不是故意避免交流，一旦挑起了對方感興趣的話題，就完全不必擔心冷場的問題了。

婉轉轉移話題

在一些商業場合或業務談判中，有時對方難免會故意製造一些令你為難和尷尬的情形。其實業務交涉中的許多僵局都是由細微的事情引起的，諸如雙方的性格差異、利益分歧等。有時人們還會故意給對方出一些難題，迫使對方放棄目標，向自己的目標妥協。

因此，越是堅持各自的立場，雙方之間的分歧就會越來越大。這時候不管分歧是怎樣的原因引起的，作為溝通的一方，都應該及時緩解局面，適當引入別的話題，打破尷尬氣氛，促進洽談順利進行。

這種情況在廣告傳播公司一定會遇到，甲乙雙方有時會為一個話題爭論不休。例如客戶作為甲方希望少花錢，就會說：「我希望貴公司能接受我們提出的要求，否則就沒什麼好談的了。」而作為乙方的廣告公司就會對拒絕一些不必要條件的行為做出各種解釋。甲方有時還是會固執地認為：「對於這些條件是沒有商量餘地的。」這種情況下，有時乙方就會提議：「大家都談了一上午了，恐怕肚子早餓了吧，我早就聽說這附近某餐廳有幾道招牌菜，還沒嘗過呢，我們要不要先吃飯，吃過飯再談這個問題。」雙方到餐廳坐下來，然後聊一些關於美食、娛樂的輕鬆內容，讓大家把注意力都放在吃飯和休閒這類話題上，就能使之前緊張的氣氛得到緩和，也為後面繼續溝通洽談保留了餘地。

當交流的障礙已經出現，不妨暫時結束這個話題。比如「關於這件事，你們的確非常有道理，但我們先談剛才那個提案」，或者「正如你們所言，這是非常重要的問題，我們稍後進行調查再做報告，在這之前先說說這個問題」，或者「這些意見暫且先擱置，我們不妨換個角度來看」等，跳過眼前的爭議，先談其他話題。

●引導話題

假如已經形成了尷尬的場面，交談一定會變得很被動，那麼，就不要等對方完全攤開話題，而是要主動引導轉換話題，然後向對方徵求意見，讓對方發表高見，自己則保持誠懇的態度。不給對方繼續先前話題的機會，這樣就可以避免重提有爭議的話題。

有時候，因為雙方溝通涉及的觀點或利益要求差距太大，就會形成針鋒相對的局面，使溝通不順暢，出現冷場，甚至僵局。當然，在職場溝通或商業談判等場合，觀點不一致或者針鋒相對並不等於交流失敗。但如果不及時處理，也容易產生不利的影響，甚至導致交談中止。這時候，我們需要靈巧地轉移話題，促使交談順利進行下去。

我曾遇過以下這種情況：某間汽車4S店銷售的幾款車，最近接連好幾次被召回。有位先前的客戶來看車，直接問一位員工：「你們公司最近好像召回了不少車吧？」這位員工聽到這樣的問題，當然不好否認，畢竟客戶說的是事實。但是如果一口承認，那就等於告訴客戶自己公司的汽車確實有問題，客戶也許轉身就會去別的店看車。於是，這位員工這樣回答：「是的，我們對一批車主進行售後回訪後，發現了幾個問題，公司非常重視，所以主動召回了一千多輛車。真的很感謝這些車主對我們召回行動的支援，根據我們後來的回訪，滿意度達到了百分之百。您放心，我們對售出的每一輛車都會負責任的。看起來，您非常重視汽車的品質和安全性，是吧？」

這個員工的這番話，大方坦承了公司產品存在的問題，並強調是公司主動召回的，且顧客的滿意度很高，這樣就淡化了客戶的擔憂。最後，他順勢一轉，將客戶的關注點從汽車召回轉移到汽車品質與安全性上，自然跳到了產品介紹的環節。這就是在引導話題，**從不利引向有利**。

在交際場合中，很多問題的出現是有規律的，我們習慣上認為「尬聊」這種現象比較容易在兩類人身上發生：一類是清高自大的人，一類是內向孤傲的人。他們的共同特點是**容易自以為是**，**自我封閉**。如果這些人想要達到良好的溝通，打破社交的壁壘，就要克服自我意識，培養開放的心胸，淡化「我」字，主動與他人交往。

7.4 如何優雅地說「不」？

波士頓大學客座教授、著名心理學家瑪格麗特．赫夫曼❸主張：「勇於拒絕是促使組織與團隊進步的關鍵。任何一家成熟的企業裡，最佳的工作夥伴不該只是應聲蟲，而應該是在反覆的衝突與辯證中，互相啟發視野、互相幫助，能夠建立牢靠觀點的人。」

電影《穿著Prada的惡魔》中，女主角安德莉亞是職場新鮮人，她的工作是當一位實施高壓管理的魔鬼老闆的助理。一開始，勤奮踏實的安德莉亞對於老闆的各種要求逆來順受，因為無法拒絕，她只好對工作以外的所有事說「不」，以至於私生活一團混亂。最後她誠實面對自己的選擇，以行動拒絕老闆，打開了人生的另一扇門。

❖ 拒絕的同時，也提供辦法

雖然人人都知道應該合理拒絕，但並不是人人都敢於拒絕、善於拒絕。性格內向的人在激烈的職場競爭下努力適應，已經非常不容易了。對於新人來說更是如此，他們為了要迎合公司的上級、前輩等，更不懂得拒絕，這樣無形中就會影響自己的工作表現，很容易就忽略了自己的職責。

如果有人拜託你幫忙，而你自己手裡有工作，答應這件事會耽誤你的工作，那這時候你就要分清事情的輕重緩急。你可以真誠地向他人說明：「不好意思，今天有很多工作需要處理。如果時間允許，等我完成工作後，再協助你處理。」等你完成本職工作後，再詢問下求助者是否還需要幫助，真誠友善的態度會被他人接受和信任。如果你的空閒時間較多，當然應該主動幫助他人。尤其是職場新人，多和他人交流，多學習技能，在協助別人的過程中多思考、多學習，能讓你有更寬廣的發展空間。不僅能收穫友誼，還能收穫知識，可謂是一舉兩得，達到雙贏的局面。

一般情況下，開口直接拒絕別人是比較困難的，尤其是拒絕與你關係比較好的同事。而當兩位都與你關係不錯的同事同時尋求你的幫助時，你面臨必須拒絕一個的情

❸ 瑪格麗特・赫夫曼（Margaret Heffernan），美國心理學家、暢銷書作家、波士頓大學客座教授。畢業於劍橋大學，曾任BBC電視臺製片人，陸續擔任五家公司的CEO。她長期專注於研究人們工作和生活中的荒誕行為，並出版《赤裸真相》《女人至上》等書，均登上《紐約時報》暢銷書榜。

況，該怎麼選擇？在這種情況下，你可以去幫那位你準備拒絕的同事跟別人協調一下，設法讓他的問題得到解決，這樣可能比較穩妥。雖然你沒有提供直接的幫助，但你可以給他提供一些建議，這樣就避免了得罪同事，也不會讓他對你有錯誤的期待。

我們身處各種社會關係之中，有時候會因為和朋友關係比較好而先考慮幫助他；有時候出於對工作大局的考量，可能會拒絕關係好的朋友：這都是正常的情況。作為一個處事周全的內向者，應該把道理說明白，避免毫無解釋和蠻不講理地拒絕別人。

❖真誠不是毫無顧忌

在生活中，有些性格內向的人與朋友的關係很親密，往往抱著說實話、不虛偽的心態說：「我這是為你好，才跟你講實話！」或認為自己是個性使然而說：「我這個人是直腸子，心裡藏不住話！」或是站在為朋友著想的立場說：「要是連我都不跟你說真話，還有誰會跟你說！」諸如此類的「實話實說」有時並不能達到預期的效果，反而會傷及對方的感情。

客觀來說，真誠的人都傾向於「實話實說」，但是中肯的批評怎麼才能被人接受呢？

什麼才是經過深思熟慮的批評？批評應該像為朋友考慮的「個人建議」，希望對方能夠從言行舉止或者業務技術等方面獲得一些參考，不是單純地針對對方的缺點，這樣才能使對方容易接受。

❖ 剛剛好的批評

從人際交往層面考慮，優雅的批評是一種中性的行為，既能夠幫助一件事往好的方面發展，即所謂的改正失誤；也有可能往壞的方面發展，破壞和諧的氛圍，激化矛盾。內向的人一般不輕易表達態度和立場，但如果在必須要表達不同看法的時候，如何才能讓批評不損傷雙方的情感，甚至增進雙方的情感呢？

● 在對方可容受的範圍內，謹慎批評

批評的目標是說明人們修正自己的缺點和不足，但批評本身會造成一種讓人不太舒服的心理體驗，尤其是在批評生活中與你關係密切的朋友或同事時一定要慎重，要從增進友誼、促進工作的角度入手。很多時候，當事人並非被批評人的雄辯而說服，而是為

了從僵持中解脫，只是默認批評而已。所以，批評需要謹慎考慮可能出現的後果，權衡利弊之後，最好採用雙方都樂於接受的方式，讓對方盡量在能夠接受的心理狀態中認識到錯誤，從而改正錯誤。

例如面對一個朋友，盡量要**搞清楚對方的心理承受能力**，施加壓力適可而止。而對自尊心很強的同事，即使他做了錯事，批評也該是溫和，甚至不露痕跡的；對比較頑劣、懶惰，甚至魯莽衝撞的對象，就需要拿出辯論式壓倒性的批評，用各種論證手段，在道理上他已經辯駁不過去的時候，再施加撫慰，才可能取得預想的效果。

靈活運用各種批評方式

「以後有類似的專案，遇到什麼問題可以早點提出，這樣公司才來得及協調安排，要避免以後再出現類似的情況。」

人際交往有多種批評方式，如冷卻性批評、暗示性批評、漸進性批評、諒解性批評、幽默性批評、肯定性批評等，每種批評都各有利弊。

●肯定性批評

肯定性批評一般更容易讓人接受，比如在學校，老師一般先會對同學的某方面做出肯定，再引出他不對與缺失的地方，這樣同學就更容易認清自己的錯誤，不會激起對立心態而針鋒相對。

老師可以這樣說：「小張，我覺得你最近學習效率很高，你有沒有考慮幫助一下其他同學呢？我想那樣有助於你消化一些功課，我們班整體的成績可能會更好，你覺得呢？」肯定性批評既可以提高效率，又能夠增進雙方的感情，讓批評發揮出更大的價值。

●綜合性批評

綜合性批評更容易幫人指明方向。例如在工作中下屬犯了錯，作為上司單純為批評而去批評不是說不可以，但容易引發下屬的抗拒。這時候，不妨運用綜合性批評法，你可以說：「小李，這個專案是因為人手不足，還是因為時間緊迫，所以完成度不理想？」你可以幫同事分析錯誤出現的原因並提出改正方法，然後再指出對方的錯誤。「以後再有類似的專案，遇到什麼問題可以早一點提出來，這樣公司上下才來得及協調安排，要避免以後再出現類似的情況。」這樣對方就不會因為抗拒，而故意跟你過不去了。

●誠懇性批評

誠懇性批評會更讓人心存歉意。比如你和朋友同在一個城市打工，大家租住一處。但朋友的生活習慣不知不覺影響了你，假如你要對他要提出批評，就不能只針對這個朋友。如果拿捏不好，很容易演變成衝突。這時用誠懇的方式去溝通，就能讓對方在錯誤面前心存歉疚和感激，從而改正問題。所以，批評別人不一定非得是暴脾氣，換用更誠懇的語氣，說不定就會贏得更好的效果。

第八章 立刻行動，打造執行力

8.1 行動，退縮之前先邁出第一步

❖ 拓展人際圈

內向的人最大的痛苦莫過於和陌生人打交道，尤其是在職場，很多社交活動讓內向的人經常感到不適，而這有時候是無法避免的。雖然他們也知道和別人打交道是為了達成更有意義的目標，例如傳播自己的理念、幫團隊獲得資源、進入行業的專家圈子等，但內向的人往往會背著一些思想包袱，猶猶豫豫地參加活動，經常給人留下「不積極」

「話不多」的印象。

現在是網路時代，臉書、IG、Line、推特等都是非常便捷的交流方式，很多事情不必面對面就能做成，但是，見面與不見面，效果體驗是不一樣的。生活社交、職業追求迫使我們不得不去拓展人際圈。那麼，內向的人怎麼才能減少顧慮，主動跨出第一步呢？

❖ 不帶功利心

內向的人喜歡安安靜靜，喜歡自由自在，喜歡做自己喜愛的事情，追求內心的滿足。那就可以從平時的生活方式出發，找到適合自己的工作或者針對感興趣的話題主動與他人溝通。當然，與別人溝通交往，不應該刻意為了發展人際關係。不論性格是內向還是外向，人際交往最忌諱的就是「功利心」。

交往中切記少趕派對，少發名片，把時間花在讀書、寫東西或其他對提高自身有益的事情上。這些事能夠塑造自己，充實內心。通過一點一滴的累積和行動提升自己的能力，內向的人同樣能夠成為被外界認可的人，這樣就會有更多的人去主動認識你，同樣可以達到「認識與交流」的目的。不用刻意去營造，也不是有意達成，內向的人通過比較擅長的做事方式，通過具體的行動去實現交往，更加能夠得到心靈的滿足。

現實中的人際關係也是如此，如果性格內向的人急於改變孤僻的形象，希望透過多參加社交活動跨出第一步，這也是好事。但大多數內向的人在單純交往上建立穩固交際的可能性並不高，這對他們來說有些強人所難了。但是，主動認識別人，初步學會閒聊，並不困難，只要避免功利心態，能藉由閒聊為別人帶來輕鬆愉悅的感覺，那麼社交起來就不會很難了。

❖ 先成就自己，認同便隨之而來

性格內向的人要跨出自己的世界，可以透過各種方式充實內心，增強能力，建立自信。尤其是在當今的網路時代，溝通和交流不必受距離或其他條件限制。**人只有活得像自己，活出屬於自己的精采，才會吸引別人的目光，得到由衷的欣賞。**還是那句話，認識人並不難，問題在於認識以後能不能長久地把雙方之間的關係好好維繫下去，真正成為生活和工作上的朋友。

在人際交往層面，外向的人為了活得更好，需要建立各種人際關係；而內向的人正好相反，**當他們的事業發展得很好時，人際關係自然就會拓展**。也就是說，內向的人需要找到屬於自己的世界，活出精采，做出成績。當自己是某個領域的專業人才或知名人士時，很多同行的人都會成為你的朋友，很多喜歡、欣賞你的人也都會慕名而來，到時候你就會發現很多志同道合的朋友，很多以前封閉的大門自然而然就會打開了。所以，**成就自己**才會得到別人更多的認同。

❖ 幫助別人就是幫助自己

想在社會上展現自己存在的價值，樹立良好的口碑，必須熟悉和掌握自己的工作。優秀表現和專業素養能在日常工作中得到大家認可。很多人認為取得成功的原因之中，性格因素占了第一位，只要為人圓滑，就能在社會上混得好，這是嚴重的錯誤認知。資深的職場人都有社會經驗，你是真心對人，還是虛情假意，明眼人一看就知道，只是很多時候大家隨聲應和，不想揭穿而已。

在職場中想建立良好的關係網絡，需要你的不斷付出，時間久了，別人自然就能感覺到你的心意。雖然我們每個人都把家庭或友誼當成人生的港灣，但你每天跟家人、朋友交流的東西，卻遠遠不及跟同事交流的東西多。就像你在幫助別人時，從來沒想過要回報。你在幫同事時，最好也別想這個問題。**在職場做事，幫助別人就是幫助自己。**

話多的人一般在職場不大受歡迎。這種人表面上和大家相處得很好，但實際上多數人都不會和這類人有更深一層的交流，因為這種人一般很難保守祕密，也不懂得處理與人交往的分寸。最好的做法就是多做事，少說話，可以對工作以外的事情發表看法，但不宜評價同事和上司。

儘管很多人期望在職場上八面玲瓏，與所有人都保持良好的關係，但刻意表現會顯得沒有原則，也很難在公司樹立威信。如何守住自己的原則，需要我們在職場上慢慢摸索。做事堅持原則，雖然一開始會得罪別人，不利於工作的開展，但時間久了會讓人覺得這個人原則性很強，值得信任，這對將來的工作十分有利。

8.2 放下藉口才能取得進步

❖ 內向者的完美主義

● 無法承認自己的缺點

在現實生活中，我們不論做什麼事情，難免發生各種意想不到的狀況，出差錯也是正常的。性格內向的人往往特別在意別人的態度和眼光，害怕承認自己客觀存在的一些不足，這是一個很致命的問題。

一旦交往中出現誤會，工作上出現問題，很多人都會習慣性地去辯解，忌諱承認自己的錯誤並且做出道歉。一大堆解釋的「潛臺詞」，無非就是想表達「至少不完全是我的錯」。因為內向的人存在潛在的「完美主義」傾向，他們尤其害怕自己的表現被人指責和批評。

事實上我們要承認，任何人都不可能是完美的，也沒有什麼事情是完美的。如果自己有一定程度的責任，顯然放棄藉口、承認錯誤是有必要的。如果一個人迴避和消極對待自己的問題，往往是缺乏責任感的體現。在任何情況下，這樣的人都無法被給予正面評價，也無法給人留下可靠和值得信任的印象，因此也就很難獲得認同與支持。那麼不論他身處任何工作、任何團隊中，向前邁進的難度都會很大。

●付諸行動，修正錯誤

放棄藉口，嘗試真正去改正錯誤，即使一時之間沒有達到要求，或者沒有得到別人的理解和支持，也沒有關係，可以透過自己的努力讓別人感受到你的誠意。

我工作過的雜誌社裡，有個女生小張是那裡的主編，入職有三、四年了，人很文靜內向，但工作起來很認真。從名不見經傳的小寫手爬到主編，她付出了很多努力。

一次閒聊時，她很謙虛地跟我說：「我來的時候很怕自己做不下去。」我有點不敢相信。小張說她上一份工作也是在雜誌社，但她在實習期間就經常犯錯，遭到了前輩和同事的批評，部門主管還找她談話，問她願不願意調換到別的職務。

「當初我就是因為喜歡文字、想要寫東西才到雜誌社工作，可是如果只讓我坐辦公桌，與我的理想差得太遠了。」她的想法遭到了主管的反駁，主管堅持認為小張能力有限，不適合目前的工作。雖然喜愛寫作，但小張也覺得可能自己真的適合做編輯或採訪工作，最終她選擇了辭職。

小張休息了好幾個月，反覆思考了很久，最後還是決定要堅持下去。「其實，我也懷疑過自己的能力，覺得自己可能不行，或許興趣真的不能當成工作。」但她不服輸，哪怕壓力再大，小張也決定再試一試。

進入第二家雜誌社後，小張把前輩曾經做過的採訪稿件都通讀了一遍，她把認為好的部分都摘錄下來，在業餘時間裡，她也學習了很多關於採訪和編輯的知識。到現在第四年，小張成了雜誌社的主編。

小張當初的錯誤不但沒有把她打倒，反而讓她湧起了一股不服輸的拚勁。並不是別人說她不行，她就認為自己真的不行。小張沒有找藉口放棄自己的愛好和理想，而是經過不斷的努力，用行動為自己做了證明，換來了理想的成績。

❖ 學會協商，才能促成合作

在人與人的交往過程中，不能一味追求自己利益的滿足，這樣有可能會傷害與對方的關係。這個道理很簡單，要做到卻很難。很多人都會為了自身的利益而找各種理由充當藉口，即使傷害對方也毫不在意。在商業社會中，彼此之間目的性很強的交往觀念，很損害人與人的正常信任。

很多人在從事一個工作或者完成一個專案的過程中，最費力氣的可能不是處理業務本身，而是和客戶進行談判。早年的一些專案，一般是先完成任務，然後再結算，最後所有的費用只要看上報的費用清單就明晰了，大家都很實在，該是多少就是多少，沒有什麼藉口和理由敷衍對方。但隨著時代的發展和商業社會的進步，在如今的商務合作中，甲乙雙方似乎從未愉快地達成協議。

對於任何一家被委託的公司來說，最主要的目標是追求利益的最大化，而對於委託一方的客戶來說，追求的是預算的最小化。雖然我們希望與每一個客戶和和氣氣，但很多時候利益上的衝突是沒辦法調和的，雙方都在尋找各種理由和諸多藉口為自己爭取利益。在這種情況下，如果一方能夠充分體認到合作的必要性，放棄一些執著，主動妥協讓步，那麼雙方就能順利達成合作，專案的成功才是最有利於雙方的，不是嗎？如果過於苛刻，對於合作過程中的默契培養也是一個阻力。其實大可不必過於吹毛求疵，只斤斤計較眼前的利益，而忽視了雙方長遠的利益就得不償失了。

8.3 讓思考促成行動

❖ 讓思考成為你的指南針

內向的人善於深思，對身邊一切都很敏感，能夠為理想構建宏偉的藍圖。但是，內向的人適應環境和應對挑戰的能力卻相對較差，面對環境的變化，他們通常需要比較長的適應期，才能平復不安的消極情緒，同時思考相應的對策。

然而在如今紛繁嘈雜的社會裡，每一個重大的決定、每一次具體的行動似乎都需要經過重重論證，不論是個人行為，還是公司企業的決策。性格內向的人身處其中，往往能達到很關鍵的參謀作用。

在一些重要的事情上，內向的人會做出全方位的思考，顯得很有準備，這正體現了他們具有的深度思考力和洞察力，並且這些超強的能力能夠為行動提供能量和保障。

內向者的思想是行動的指引，也是行動的力量源泉。

❖ 在內省中發現創意解答

性格內向的人在深度思考時，會將過去的經驗與新的事實聯繫起來，以此來啟發創造解決新問題的方法。他們喜歡懷舊，也會為未來的學習做準備。他們喜歡在頭腦中思索事件的脈絡，看看事物之間是如何聯繫的，並且使用很多充滿智慧的技巧來解決問題。

內向的人不一定是某個領域的領導者，但他們習慣在其他人說話時多觀察。對人們的反應和感知進行仔細觀察，是內向人格的強大特徵。他們能很快學會多種看待事物的方式，有利於與他人進行深度的交流。

內向的人作為耐心和積極的聽眾，在他人遇到挫折或者感到失望時，能夠成為及時提供幫助和支持的人。他們以旁觀者的身分觀察事情，也以同情者的身分體察朋友的感受。經過深思熟慮，他們還可以為別人提供行動的方案，並用有助益的策略來幫助他人解決問題。

在現實生活中，人們過於崇尚行動力和表現力，也是基於外向型主導的社會理念。人們太過於看重勝敗，對人與人之間的競爭十分重視，這使得人人都感到自己在孤軍作戰。性格內向的人對社會現實的本質有充分而深刻的認識，在做決定時不斷促使自己內省，希望自己的行動符合內心的準則，希望理想不被現實利益蒙蔽。

內向的人有一種優雅的氣質，有一種比尋常人更深一層的思考認知能力。而且，內向的人在情感表達上比較內斂，既不會過度消沉，也不會太過激動，而這正是人們形成高雅風度的一種內在力量。他們的言行舉止體現出的內在氣質，能夠促使他們在工作和生活中達成理想的目標。

結語

看見你的內向者優勢

❖ 內向是一個中性詞

很多年輕人找工作時，在個人履歷中，往往會不自覺強調一下自己的待人接物、與人相處的能力：「性格開朗、善於溝通、組織能力強……」不管自己是不是這樣，也不管自己喜不喜歡這樣。顯而易見，當今商業社會的主流更需要這樣的人，普遍不喜歡性格沉默、不善於溝通、組織能力不強的人。

心理學家榮格提出人格類型學說，他認為性格內向的人是被內心世界的想法和感受吸引，而外向的人傾向於關注人們外在的生活及活動。內向性格者的注意力往往集中在事物內部或者這些事物的意義上，而外向性格者會投身到事件當中。內向者大多在獨處的時候為自己充電，而外向者則會投身社交活動中，除非這些事情滿足不了他們自身的需求，否則一般不會主動為自己充電。

「內向」原本是一個中性詞，後來卻變成代表敏感、保守、脆弱、悲觀、孤獨、冷漠、沉默寡言、顧影自憐的貶義詞。內向安靜的人，長期在崇尚競爭與合作的社會環境裡被邊緣化。

本書透過各章的梳理和分析，還原了內向性格者方方面面的真實形象，試圖澄清長期以來對內向性格者的誤解。諸如不愛說話、不合群、在陌生人面前緊張等，這些僅僅是內向者在某一些方面的表現。事實上，內向性格的特徵和外向性格一樣存在兩面性，外向者的衝動、話多、積極、果敢等表現一樣具有不利因素，我們應該辯證地看待這些性格問題。

❖對內向者的誤解

世界上有很多專業的心理學家、作家都有論述性格的著作，例如蘇珊．坎恩的《安靜，就是力量》、瑪蒂．蘭妮的《內向心理學》等都非常知名。他們透過許多實際案例說明，內向的人在這個社會中其實有不少的優勢，他們可以通過自己的不懈努力獲得成功。

蘇珊・坎恩在書中用了很多篇幅批判推崇外向性格的現象，這種偏見長期存在於美國文化中，包括批判哈佛商學院對人才的培養模式。她描述了很多內向者的優勢和他們獨一無二的特質。她說：「上帝為什麼會選擇摩西作為先知？他是一個既口吃又恐懼當眾演講的人。人們之所以跟隨摩西，並不是因為他講得多好，而是因為他的一言一行都是深思熟慮的產物。」她也引用愛因斯坦的話：「我單槍匹馬，不成群也不結隊，因為我知道，要達到既定的目標，必須要有一個人來思考、來指揮。」這段話反思了我們對團隊合作精神的過於強調，她認為，對很多工作而言，**團隊的績效還沒有獨自工作好**。

身為一個內向的人，蘇珊・坎恩也並沒有一味地對內向性格高唱讚歌。她認為內向者的性情很大程度上是由基因決定的，具體的個性確實可以在後天塑造。內向者也要取其精華，去其糟粕，人們可以達到自由意志，超越自己原有的性情。她也注意到性格的多樣性——毫無疑問，一個害羞的人會害怕陌生人的注意，這並不是對陌生人的恐懼。他在戰場上可能會是無畏的英雄，但也會在陌生人面前缺乏自信。❶

最後，總結本書的一點初心是：

❶ 見《安靜，就是力量》，蘇珊・坎恩著。

●希望內向者都能認識自己的優勢

每一個內向的人都擁有某種自身優勢，透過本書的論述，應該堅定自己的信念，內向絕不是性格的缺陷。當然，性格的區分沒有特別明顯的界線，內向和外向也沒有嚴格的定義。任何性格的人都沒有必要固守自己性格中不好的地方。其實，內向與外向只是名稱上的區別，**生活中很多東西的本質，是不管你是什麼身分的人都應該去堅持尋找的。**

●希望內向者都能夠發揮優點

透過本書介紹的內容，每一個人都可以更加清楚地了解自己，以平和寬容的心態來面對自己。不論內向還是外向，基因決定了我們根本無法逃離的內在特質。所以，後天的種種刻意努力，最終的目的還是讓自己可以更好地揚長避短。中國有一種文化特質就是提倡審時度勢，時刻準備改變，但這需要讓自己從屬於真實的內心，如同堅守信仰一般的堅定。你需要順應潮流，但要避免隨波逐流，幾天外向起來，再過段時間又變得內向起來，反反覆覆，讓人無從捉摸，也讓人敬而遠之。

●返歸本心，以追求成長的心態走向成熟

希望每一個人都能夠以追求成長的眼光、欣賞的角度來發展自己的特質，毋須糾結於內向更好，還是外向更好。每個人年紀不同、生活的壓力不同、物質的追求也不同，不能一概而論。就像我們一生幾十年，不一定守著固定的一份工作。一種性格也會表現出不同方面的特質，甚至很多時候很多特質是彼此相容的，並不會發生衝突。兼容並蓄才會體現出成熟的人格。

●沒有必要改變自己的性格

時代特質不以某一類人的意志為轉移，社會也一直向前不斷發展，我們對自我的認定也發生很大的變化。因為社會對人們外出工作、互相交際有著一些要求，所以很多屬於內向的性格的人一直希望掩飾自己，甚至改變自己，將自己裝扮成外向型的人格，這是最錯誤的一種方式。

我希望藉由這本書澄清一種偏見，那些渴望改變性格的人，心理上承受的壓力和無力感是外人無法想像的。「人前人後兩張皮」原本就是很負面的評價。既然我們對於刻意偽裝自己、隱藏真實本性的人相當反感，那為什麼還要去做這樣的人呢？

世界天大地大，原本就存在著多樣性。本書揭示的方方面面，都在試圖告訴性格內向的人，要認清自己身性格的劣勢與優勢，從生活工作的實際面出發，從周圍的小圈子延伸到外在環境，不需要改變太多東西，不需要執著把自己變成社交達人。只需要盡力彌補一些太過明顯的不足，總會有人欣賞你的美。

當一個人真正地了解自己，就毋須再糾結要「徹底改變」。你就是性格內向的人，你只需要做好自己，不但可以在自己的生活圈中遊刃有餘，同樣可以嘗試進入更廣闊的圈子。只要循序漸進，只要找對方式，只要敢於嘗試，沒什麼不可以。

既然清楚地了解了自己，深知我們身處這樣一個外向型的社會，為了在真實世界生活得更好，人生更有發展，我們需要在生理上和心理上完善真我。對我們個人而言，最重要的人生目標是**坦誠接受自己的性格**，使我們的人生更加幸福。

朋友，請充分發展自己真實的性格，用屬於內向者的真誠，懷抱自我的初心，傾聽他人的內心，伸出雙手，你一定可以擁抱整個世界。

國家圖書館出版品預行編目(CIP)資料

內向的力量【實踐版】／譚雲飛著. -- 初版. -- 臺北市：漫遊者文化出版：
大雁文化發行，2020.04
264面；15×21公分
ISBN 978-986-489-368-3（平裝）
1. 內向性格　2. 生活指導　3. 成功法

173.73　　108018627

內向的力量【實踐版】

作　　者　譚雲飛
封面設計　巫麗雪
封面插畫　小草
內頁排版　黃雅藍
行銷企劃　李蔚萓、劉育秀
行銷統籌　駱漢琦
業務發行　邱紹溢
業務統籌　郭其彬
責任編輯　溫芳蘭、何韋毅
總 編 輯　李亞南

發 行 人　蘇拾平
出　　版　漫遊者文化事業股份有限公司
地　　址　台北市松山區復興北路三三一號四樓
電　　話　(02) 2715-2022
傳　　真　(02) 2715-2021
讀者服務信箱　service@azothbooks.com
漫遊者臉書　www.facebook.com/azothbooks.read
漫遊者書店　www.azothbooks.com
劃撥帳號　50022001
戶　　名　漫遊者文化事業股份有限公司

發　　行　大雁文化事業股份有限公司
地　　址　台北市松山區復興北路三三三號十一樓之四

初版一刷　2020年4月
定　　價　台幣300元
I S B N　978-986-489-368-3